MISSION MUSIK

www.henschel-verlag.de
www.baerenreiter.com

Bibliografische Information der Deutschen Nationalbibliothek:
Die Deutsche Nationalbibliothek verzeichnet diese Publikation in der Deutschen Nationalbibliografie; detaillierte bibliografische Daten sind im Internet über http://dnb.dnb.de abrufbar.

ISBN 978-3-89487-950-1 (Henschel)
ISBN 978-3-7618-2417-7 (Bärenreiter)

Gemeinschaftsausgabe der Verlage Bärenreiter-Verlag Karl Vötterle GmbH & Co. KG, Kassel, und E.A. Seemann Henschel GmbH & Co. KG, Leipzig
3., erweiterte Auflage 2025

Umschlaggestaltung: ansichtssache – Büro für Gestaltung, Berlin
Titelbild: René Larsson
Fotografie Julia Spinola: Bernd Schönberger
Gestaltung und Satz: ansichtssache – Büro für Gestaltung, Berlin; Phillip Hailperin, Berlin
Druck und Bindung: Multiprint Ltd.

Printed in Europe

HERBERT BLOMSTEDT
MISSION MUSIK

GESPRÄCHE MIT
JULIA SPINOLA

HENSCHEL
Bärenreiter

INHALT

S.07 VORWORT

S.12 VORWORT ZUR NEUAUFLAGE

S.13 EINLEITUNG

STATIONEN UND GESPRÄCHE

S.20 »WIR WOLLTEN EINE KLÜGERE MUSIK«
Ein Treffen in Dresden:
Die Jahre als Chefdirigent
der Staatskapelle Dresden

S.40 »IN DER STILLE FÄNGT DIE MUSIK AN,
WURZELN ZU SCHLAGEN«
Verleihung des LÉONIE-SONNING-MUSIKPREISES in Kopenhagen:
Chefdirigent in San Francisco, Zwischenspiel
in Hamburg, Gewandhauskapellmeister

S.60 »ICH BIN ES VON KINDHEIT AN GEWOHNT,
IMMER EIN BISSCHEN ANDERS ZU SEIN«
Unterwegs in Värmland:
Kindheit, die Familie,
frühe Musikbegeisterung

S.74 »VIEL HUMOR!
DAS HAT MIR AUCH GEHOLFEN«
Ein Wochenende in Leipzig:
Ausbildung, frühe künstlerische Entwicklung,
erste Engagements

S.100 »DER KOMPONIST BLEIBT DIE ERSTE UND LETZTE AUTORITÄT«
Besuch in Bengtstorp:
Über Werkanalyse, Interpretation und den Umgang mit Orchestern

S.118 »SELBSTZWEIFEL BEGLEITEN MICH IMMER«
Auf Tournee mit dem Gewandhausorchester:
Die Verantwortung des Künstlers, seine Mission

S.134 »DIE BÜCHER SIND WIE MEINE FREUNDE«
Ein Besuch in Göteborg:
Spaziergang durch die HERBERT BLOMSTEDT COLLECTION und ein Plädoyer für Wilhelm Stenhammar

S.150 »ICH MUSS VERSUCHEN, DIE WAHRHEIT HERAUSZUFINDEN«
Gespräche in Luzern:
Bachs unvergleichliche Größe und das Metronom bei Beethoven

S.168 »DIE LETZTEN ENTSCHEIDUNGEN WERDEN WOANDERS GEFÄLLT«
Ein Wiedersehen in Leipzig:
Konzentration auf das, was wirklich zählt

S.182 ANHANG
Vita | Orchester und ihre Kürzel
Diskographie | Auszeichnungen
Personenregister

VORWORT

Im Februar 2016 riss mich ein Konzert, das Herbert Blomstedt in Berlin mit den Berliner Philharmoniker gab, zu einer begeisterten Rezension hin. Auf dem Programm stand neben Antonín Dvořáks 7. Symphonie ein Werk, das ich bis dahin noch nicht kannte: die »Sinfonie singulière« des schwedischen Komponisten Franz Berwald, der ein zu Lebzeiten verkannter Zeitgenosse von Robert Schumann und Felix Mendelssohn Bartholdy war. Ich hatte Herbert Blomstedt schon seit seinen Jahren als Gewandhauskapellmeister in Leipzig von 1998 an regelmäßig in Konzerten erlebt und ihn als einen der bedeutendsten Dirigenten seiner Generation und einen Meister der musikalischen Nuancierungskunst hoch geschätzt. Das Berliner Konzert aber entfaltete mit der farbenprächtig aufblühenden Dvořák-Symphonie und der auratisch wetterleuchtenden, ganz und gar einzigartigen Klangwelt Berwalds einen besonderen Zauber. Das Konzert gab den Impuls zur Entstehung dieses Buches.

Entstanden ist das Buch aus zahlreichen Gesprächen, die ich an verschiedenen Orten mit Herbert Blomstedt geführt habe. Ein halbes Jahr lang habe ich mich dem dichten Termin- und Reiseplan des vielbeschäftigten Dirigenten angepasst, um ihn an den Stationen seiner Arbeit und in den unterschiedlichsten Situationen erleben zu können. Die Reise ging dabei an Orte, die in Herbert Blomstedts biographischer und künstlerischer Laufbahn einen bedeutenden Platz einnehmen. An allen Orten führten wir ausgiebige Gespräche.

Kopenhagen war nach den frühen Jahren beim Norrköping Symphonieorchester und beim Philharmonischen Orchester Oslo die dritte Station des jungen Chefdirigenten Blomstedt auf seinem Weg in die Weltkarriere. Dort leitete er von 1967 bis 1977 das Dänische Radio-Sinfonieorchester. Im April 2016 wurde ihm hier der Léonie-Sonning-Musikpreis verliehen. Bei diesem Anlass konnte ich ihn in Orchesterproben, im Konzert und als Leiter einer Masterclass für Dirigieren mit jungen Stipendiaten der Léonie-Sonning-Musikstiftung erleben.

Die Zeit als Chefdirigent der traditionsreichen Dresdner Staatskapelle, die heute Sächsische Staatskapelle Dresden heißt, zählt zu den wichtigsten Stationen in Herbert Blomstedts künstlerischer Entwicklung. Hier wirkte er bereits von 1970 an als »geheimer« Chefdirigent, wie er es nennt, bevor er dieses Amt fünf Jahre später bis 1985 auch offiziell ausfüllte. Im Mai 2016 ernannte ihn die Sächsische Staatskapelle Dresden im Anschluss an ein gemeinsames Konzert in der Semperoper zu ihrem Ehrendirigenten.

Etwas später in diesem Monat besuchte ich Herbert Blomstedt in Leipzig, der anderen sächsischen Metropole, die einen herausgehoben Platz in seiner Laufbahn einnimmt. Hier gab er zwei Konzerte mit dem Gewandhausorchester, das er von 1998 an als 18. Gewandhauskapellmeister in der mehr als zweieinhalb Jahrhunderte umfassenden Orchestergeschichte prägte. Mit dem Gewandhausorchester ging Herbert Blomstedt im Sommer 2016 nach zwei Auftaktkonzerten in Leipzig auch auf eine Festival-Tournee mit Konzerten bei den Salzburger Festspielen, beim Edinburgh Festival, bei den London Proms, beim Lucerne Festival und in Rotterdam. Diese Tournee durfte ich begleiten, was mir neben vielen gesprächsreichen Stunden in den verschiedenen Konzertsälen, Dirigentenzimmern, Flugzeugen, Limousinen und Hotellobbys auch spannende Einblicke in Herbert Blomstedts Arbeitsroutinen und seinen Umgang mit den Musikern des Gewandhausorchesters verschaffte.

Zweimal besuchte ich Herbert Blomstedt während der Arbeit an diesem Buch zuhause in Luzern. Während der Sommerpause reiste ich außerdem zu ihm ins ländliche Bengtstorp bei dem westschwedischen Städtchen Nora, wo Blomstedts jüngste Tochter Kristina heute in einem der typischen schwedischen Holzhäuser lebt, das aus dem Besitz der schwiegermütterlichen Familie von Herbert Blomstedt stammt. Blomstedts sommerliche Studierstube befindet sich hier neben dem Haupthaus in einem kleinen Holzhäuschen mit Blick auf den See. Von Bengtstorp aus unternahmen wir ausgedehnte Ausflüge nach Värmland, wo Blomstedt als Kind die Sommer bei seinen Großeltern verbrachte. Die Kapitel des Buches orientieren sich an diesen verschiedenen Besuchen und Gesprächssituationen.

Zwischen seinen Jahren bei den beiden großen Traditionsorchestern in Dresden und in Leipzig lagen Herbert Blomstedts Stationen als Chefdirigent beim San Francisco Symphony Orchestra von 1985 bis 1995 und beim NDR-Sinfonieorchester von 1996 bis 1998. Außerdem leitete Herbert Blomstedt von 1977 bis 1983 neben seiner Verpflichtung in Dresden auch das Schwedische Radio-Symphonieorchester in Stockholm. San Francisco, Hamburg und Stockholm standen während unserer Arbeit an diesem Buch nicht auf Herbert Blomstedts Reiseplan.

Seit er 2005 seine Leipziger Position als Gewandhauskapellmeister aufgegeben hat, arbeitet Herbert Blomstedt als vielgebuchter freiberuflicher Dirigent. Zu den zahlreichen großen Orchestern, die er regelmäßig dirigiert, zählen neben den genannten noch die Wiener Philharmoniker, die Bamberger Symphoniker, das NHK Sinfonieorchester in Tokio, das Royal Concertgebouw Orchestra, das Symphonieorchester des Bayerischen Rundfunks, das Orchestre de Paris, das Philharmonia Orchestra in London, die Boston und die Chicago Symphony, das Cleveland und das Philadelphia Orchestra, das New York und das Los Angeles Philharmonic Orchestra sowie die Berliner Philharmoniker.

Die Gespräche in diesem Buch sind thematisch sehr verschieden. Zum einen möchte das Buch, das auch im Hinblick auf den 90. Geburtstag von Herbert Blomstedt am 11. Juli 2017 geschrieben wurde, die Lebensgeschichte und die bereits über 60 Jahre umfassende künstlerische Laufbahn wenigstens in wichtigen Teilen darstellen. Begonnen hatte sie mit dem Stockholmer Debütkonzert am 3. Februar 1954. Darüber hinaus ergaben sich auch immer wieder Gespräche über die Kunst und das Handwerk des Dirigierens, über einzelne Komponisten und über den internationalen Musikbetrieb.

Die ersten vier Kapitel werfen Schlaglichter auf den familiären Hintergrund und den künstlerischen Werdegang von Herbert Blomstedt. Hier erzählt er von seiner Kindheit, von seinen Studienjahren bei Tor Mann in Stockholm, bei Igor Markevitch in Salzburg und bei Leonard Bernstein in Tanglewood, vom gemeinsamen Pilzesuchen mit John Cage und von den Jahren mit seinen Orchestern in Skandinavien, Dresden, San Francisco und Leipzig.

Im fünften Kapitel öffnet Herbert Blomstedt die Tür in die Werkstatt des Dirigenten und gibt Einblicke in die Kunst des Analysierens, des Vermittelns musikalischer Werke und in die Grundlagen der Orchesterpsychologie.
Im sechsten Kapitel formuliert er sein künstlerisches Ethos, das bei dem tiefgläubigen Musiker zugleich untrennbar verknüpft ist mit religiösen und menschlichen Überzeugungen. Herbert Blomstedt empfindet sich als Botschafter eines in den großen Werken der Musik geborgenen Reichtums. In diesem Sinne ist die Musik seine Mission.
Das 7. Kapitel und das 8. Kapitel tauchen auf je verschiedene Weise konkreter in die Geisteswelt von Herbert Blomstedt ein. Blomstedts Bibliothek umfasst um die 30.000 Bücher und Partituren, deren größter Teil bereits als geschlossene Sammlung unter dem Titel HERBERT BLOMSTEDT COLLECTION *in der Universität Göteborg lagert. Bei einem Spaziergang durch diese Sammlung erzählt Blomstedt von seinen Schätzen. Ebenfalls in Göteborg unterhalten wir uns über seine neu entflammte Begeisterung für den schwedischen Komponisten Wilhelm Stenhammar, der hier von 1907 an anderthalb Jahrzehnte lang als Chefdirigent der Göteborger Symphoniker wirkte. Den Abschluss des Buches bilden Gespräche über zwei der größten Komponisten und geistigen Gefährten Herbert Blomstedts: Johann Sebastian Bach und Ludwig van Beethoven.*
Von Herzen danken möchte ich Herbert Blomstedt, der mit unerschöpflicher Energie, Geduld und Freude stundenlang inspirierende Gespräche mit mir führte und großzügige Einblicke in sein Leben gewährte. Aus dem reichen Fundus von rund 50 Stunden aufgezeichneter Interviews habe ich die wichtigsten Gespräche für dieses Buch ausgewählt. Dank gilt auch Herbert Blomstedts Familie, die mich in Bengtstorp offenherzig empfing und beherbergte. Bedanken möchte ich mich bei Herbert Blomstedts Agenten Lothar Schacke von der Künstleragentur am Gasteig und seiner Mitarbeiterin Eva Oswalt für ihre Unterstützung. Dem Intendanten des Gewandhausorchesters Andreas Schulz danke ich für anregende Gespräche während der Festivaltournee des Gewandhausorchesters. Auch bei den Musikern des Gewandhausorches-

ters möchte ich mich dafür bedanken, dass sie trotz des engen Zeitplans jederzeit freundlich und offen für Gespräche waren. Bei Paul Smaczny, dem Geschäftsführer des Labels accentus, bedanke ich mich für die großzügige Überlassung von CDs und DVDs. Schließlich gilt mein Dank Susanne Van Volxem, Annika Bach und Jürgen Arne Bach vom Henschel Verlag.

Julia Spinola, Berlin, im Januar 2017

VORWORT ZUR NEUAUFLAGE

Als dieses Buch im Jahr 2017 erschien, stand Herbert Blomstedts 90. Geburtstag bevor. Unser Austausch sollte einen Eindruck seines außergewöhnlich reichen und langen Musikerlebens vermitteln, Einblicke in seine Gedankenwelt erlauben und etwas von seiner bemerkenswerten Persönlichkeit lebendig werden lassen. Inzwischen sind acht Jahre vergangen, das Buch ist seit Längerem vergriffen und Herbert Blomstedt steht nach wie vor regelmäßig am Dirigentenpult. Sein anstehender 98. Geburtstag ist deshalb ein schöner Anlass, die Gespräche in einer erweiterten Neuausgabe erneut zugänglich zu machen.

In den vergangenen Jahren hat Herbert Blomstedt die Beziehungen zu »seinen« Orchestern weiter gepflegt. Es erschienen neue CD- und DVD-Aufnahmen, darunter große Projekte wie die Gesamteinspielung der Symphonien von Johannes Brahms mit dem Gewandhausorchester oder der Mitschnitt des Konzertes in Sankt Florian zu Anton Bruckners 200. Geburtstag mit den Bamberger Symphonikern. Unter dem Titel »Wenn die Musik tönt, wird die Seele angesprochen« erschien 2023 ein Filmportrait über Herbert Blomstedt von Paul Smaczny.

Das neue Kapitel dieses Buches basiert auf einem weiteren Gespräch, das ich mit Herbert Blomstedt im Frühjahr 2025 in Leipzig geführt habe.

Julia Spinola, Eichwalde, im Mai 2025

EINLEITUNG

Kurz vor seiner Probe mit den Göteborger Symphonikern im »Stora Salen« der Göteborger Konzerthalle öffnet Herbert Blomstedt den Schrank in seinem Dirigentenzimmer und holt ein edles, in Leder eingebundenes Holz-Etui heraus. Es ist mit goldenen Ornamenten und einem eingeprägten Namen verziert. Er öffnet es behutsam wie eine Schmuck-Schatulle und zeigt mir den wertvollen Inhalt: Es ist ein eleganter, schwarz lackierter Taktstock, dessen Enden in aufwendig dekorierten, aus Gold und Silber gefertigten Schutzhüllen stecken. In geschwungener Gravur prangen darauf die Buchstaben W und S als Monogramm. »Können Sie mich daran erinnern, dass ich den Stab gleich mit zur Probe nehme?«, bittet Herbert Blomstedt und fügt erklärend hinzu: »Ich muss ein bisschen üben, ihn zu gebrauchen, weil ich es gar nicht mehr gewohnt bin.«

Herbert Blomstedt dirigiert eigentlich schon seit einigen Jahren nicht mehr mit Taktstock. Dem Dirigentenstab haftet in seinen Augen immer etwas von einem Machtinstrument an. Der Gestus des autoritären Orchesterdompteurs, wie er in Blomstedts Generation durchaus noch gängig war, ist ihm persönlich von Grund auf fremd, ja sogar verhasst. In der Tat kann man sich kaum einen schärferen Gegensatz vorstellen als den eines ungeduldig mit dem Stab fuchtelnden Tyrannen zu diesem stets verbindlich und liebenswürdig mit seinen Musikern kommunizierenden Freund des guten Tons. Der Dirigent Herbert Blomstedt empfindet sich vor seinen Orchestern gerne als Kollege am Pult. Seine Autorität möchte er allein aus den Werken ziehen. Wenn er probt, ist er daher konziliant im Umgang, aber hart in der Sache.

Überhaupt widerlegt Herbert Blomstedt in vielerlei Hinsicht die gängigen Klischeevorstellungen, denn er vereint vermeintliche Widersprüche in sich. Obwohl er von seinem Habitus her geradezu das Gegenteil des selbstverliebten Pultmagiers verkörpert, strahlt er doch in seiner partiturtreuen Kontrolliertheit auf dem Podium ein ganz eigenes, stilles Charisma aus. Einen Taktstock braucht er dafür nicht. Seine dirigentische Zeichengebung ist auch ohne die künstlich verlängerte Hand hoch präzise und außerdem viel geschmeidiger, als es ihm mit dem sperrigen Stück Holz möglich wäre. Herbert Blomstedt dirigiert auswendig, mit sparsamen Gesten und einer lebhaften Mimik. Seine fragile Gestalt steckt voller Energie. Nach einem langen Konzertabend hüpft er, erfrischt von der Musik, die Stufen vom Podium herab und lächelt ins Publikum.

Die Zeichensprache seiner in vollständiger Unabhängigkeit voneinander agierenden Hände wirkt ebenso ökonomisch wie hochexpressiv. Nichts Überflüssiges scheint es da zu geben, kein Schwelgen und Rudern, wie man es von manchem Feuerkopf unter den Dirigenten kennt. Doch jede Geste, jeder Blick ist prall gefüllt mit einem sehr konkreten, ja beinahe drastischen Ausdruckssinn. Genau in dieser Verquickung von strenger Analytik und Phantastik, von akribischer Partiturgenauigkeit und einer von höherem Glauben getragenen Beseeltheit liegt das Geheimnis von Herbert Blomstedts Dirigieren. Die Interpretationen, die hieraus resultieren, lassen die Werke oft in einem pulsierenden Reichtum an Nuancen und in einer bis ins Detail durchhörbaren Transparenz vor unseren Ohren entstehen. Zugleich hat diese Akribie im Kleinsten mit trockener Erbsenzählerei nicht das Geringste zu tun. Denn all die Motive beginnen in Blomstedts Interpretationen zu sprechen, sie kommunizieren miteinander und weben mit an der Aura des Ganzen. Blomstedt verliert bei der Schärfung der Details nicht den übergreifenden Zusammenhang aus den Augen. Er formt höchst lebendige, beseelte musikalische Organismen.

Für das bevorstehende Konzert mit den Göteborger Symphonikern bricht der 89-jährige Maestro also mit seinen Prinzipien und dirigiert mit Taktstock. Warum? Es ist ein besonderes Konzertereignis, das bevorsteht, und es ist ein ganz besonderer Taktstock, den Blomstedt mit in die Probe nimmt. Auf dem Programm stehen Ludwig van Beethovens »Pastorale« und das 2. Klavierkonzert des schwedischen Komponisten Wilhelm Stenhammar. Stenhammar hatte die Göteborger Symphoniker kurz nach ihrer Gründung im Jahr 1905 als Chefdirigent übernommen und rasch zum führenden Klangkörper Schwedens geformt. Er befeuerte das

Orchester von 1907 bis 1922 mit seinen künstlerischen Visionen. Blomstedt selber ist zu Gymnasialzeiten mit diesem Orchester musikalisch aufgewachsen: als glühender Konzertgänger und auch als Geigenschüler des damaligen 3. Konzertmeisters der Göteborger Symphoniker Lars Fermaeus. Am Abend vor dem Göteborger Konzert wird Blomstedt anlässlich der Gründung der Wilhelm Stenhammar Gesellschaft im Kammermusiksaal, der nach Stenhammar benannt ist, ein Podiumsgespräch führen. Mit auf dem Podium sitzt auch Carl-Wilhelm Stenhammar, der Enkel des Komponisten. Er hat Blomstedt für das Konzert den kostbaren Dirigentenstab seines Großvaters anvertraut.
Blomstedt ist alles andere als abergläubisch, aber er liebt solche beziehungsreichen Symbolhandlungen, die es ihm erlauben, sich auch metaphorisch in die Tradition zu stellen. Es ist ein zutiefst künstlerischer Impuls, möglichst nichts im Leben ungestaltet zu lassen. Um sich am Abend nach der Gründung der Wilhelm Stenhammar Gesellschaft mit seinem Konzert auch vor der Musikgeschichte des Ortes zu verneigen, ist Blomstedt bereit, seine persönlichen künstlerischen Vorlieben für einen Moment als weniger bedeutsam in den Hintergrund zu stellen. Und daher übt er in Göteborg das Dirigieren mit dem Stab.
Die musikhistorische Tradition, in der Blomstedt sich auch als studierter Musikwissenschaftler hervorragend auskennt, ist für ihn weit mehr als nur Geschichte. Sie ist ihm eine gelebte Kontinuität und ihre Protagonisten, die großen Komponisten, begleiten ihn tagein, tagaus als innere Gefährten: In Skandinavien sind dies neben Stenhammar vor allem Carl Nielsen und Franz Berwald, aber auch Jean Sibelius. Darüber hinaus sind es vor allem die Komponisten der großen deutsch-österreichischen symphonischen Tradition: von Haydn, Mozart, Beethoven und Schubert über Robert Schumann, Johannes Brahms und Felix Mendelssohn Bartholdy bis hin zu Anton Bruckner und Gustav Mahler. Über allen thront in Blomstedts geistiger Welt Johann Sebastian Bach als ständiger innerer Begleiter von frühester Kindheit an.
Angesichts dieses gelebten Geschichtsbewusstseins erstaunt es kaum, dass zwischen Herbert Blomstedt und den alten deut-

schen Symphonieorchestern eine Geistesverwandtschaft besteht. Zwei der großen Traditionsorchester hat er lange Jahre als Chefdirigent geleitet, die Sächsische Staatskapelle Dresden und das Leipziger Gewandhausorchester, einem weiteren, den Bamberger Symphonikern, ist er als Ehrendirigent verbunden. Das Dresdner Orchester wurde 1548 im Auftrag des Kurfürsten Moritz von Sachsen gegründet und blickt seither auf eine schillernde Geschichte zurück. Zu seinen Chefdirigenten zählten unter anderem die Komponisten Heinrich Schütz, Johann Adolf Hasse, Carl Maria von Weber und Richard Wagner, der das Orchester seine »Wunderharfe« nannte. In seinen Jahren als Dresdner Chefdirigent von 1975 bis 1985 eröffnete sich Blomstedt auch ein neuer Repertoirehorizont mit den Werken von Richard Strauss, der dem Orchester mehr als 60 Jahre lang eng verbunden war und zahlreiche Uraufführungen seiner Werke in Dresden dirigierte. Blomstedt wagte in dieser Zeit auch kleine Ausflüge in die Oper, wenngleich er mit dem Musiktheater nie ganz warm geworden ist. Denn alles Theatralische und Kostümierte ist ihm wesensfremd.
In Leipzig wurde Blomstedt 1998 zum 18. Gewandhauskapellmeister in einer langen Reihe von Weltrangdirigenten berufen. Den europäischen Ruhm des Orchesters hatte Felix Mendelssohn Bartholdy begründet, der nicht nur als Komponist, sondern von 1835 an auch als erster Dirigent im modernen Sinne wirkte. Mendelssohn führte die sogenannten historischen Konzerte ein, in denen Musik erklang, die schon fünfzig und mehr Jahre alt war: Werke von Bach, Haydn und Mozart etwa. Mendelssohn gründete in Leipzig auch das erste Konservatorium Deutschlands, in welchem zugleich der musikalische Nachwuchs des Gewandhausorchesters herangezogen wurde. Nach Mendelssohn wurde das Orchester unter anderem von Carl Reinecke, Arthur Nikisch, Bruno Walter, Wilhelm Furtwängler und Franz Konwitschny geleitet. Das Gewandhausorchester kann nicht nur auf eine Geschichte herausragender Dirigenten zurückblicken, sondern auch auf eine blühende Pflege der deutsch-österreichischen Symphonik. Beethoven, Schumann, Mendelssohn, Brahms, Bruckner und Strauss hatten hier schon

früh eine Aufführungsstätte. Und natürlich kam Blomstedt auch die Bedeutung Leipzigs als Bach-Stadt sehr entgegen. Zur legendären, über Jahrhunderte wie ein englischer Rasen gepflegten Klangkultur des Gewandhausorchesters hat auch der wöchentliche Dienst des Orchesters in der Thomaskirche beigetragen.
Als Blomstedt das Orchester übernahm, zehrte es indes schon einige Zeit mehr von der langen Liste großer Namen als von der tatsächlichen musikalischen Qualität. Unter Blomstedt fand es wieder Anschluss an die internationale Konkurrenz. Blomstedt räumte mit dem Missverständnis auf, dass Wärme des Klangs und Präzision des Zusammenspiels einander ausschließen. Er setzte die originale deutsche Orchesteraufstellung wieder durch, bei der die 1. und 2. Geigen einander gegenüber sitzen, was dem dialogischen Prinzip des klassischen und romantischen Repertoires entspricht. Außerdem verordnete er dem Orchester auch Tugenden der historischen Aufführungspraxis: eine rhetorisch sprechende Phrasierung, eine pulsierende, flexible Dynamik und die Klarheit der melodischen Linie. Ähnlich beharrlich hatte Blomstedt in den zehn Jahren zuvor auch das Niveau des Francisco Symphony Orchestra angehoben, das unter seiner Leitung zu einem der besten Klangkörper Amerikas avancierte.
Bei aller Verantwortung gegenüber der musikhistorischen Tradition hat sich Blomstedt, wo immer er wirkte, auch stark für die zeitgenössische Musik eingesetzt.
Wenn Blomstedt mit den großen Komponisten der Vergangenheit wie mit geistigen Gefährten kommuniziert, mag das auch ein wirksames Mittel gegen die Einsamkeit sein, die man als Künstler, und schon gar als vielreisender Dirigent, auch erlebt. Das Gefühl, nicht Teil einer großen geselligen Mehrheit zu sein, kennt Blomstedt seit seiner Kindheit in besonderer Weise. Als Sohn eines Pastors der Freikirche der Siebenten-Tags-Adventisten lernte er sehr früh, selbstbewusst mit einer Außenseiterposition umzugehen. Aus der strengen adventistischen Erziehung seines Vaters nahm er die hoch kontrollierte Lebensweise mit, ein ungewöhnlich starkes Gefühl der Selbstverantwortlichkeit, ein tiefes religiöses Ethos, nach dem er bis heute lebt, und nicht zuletzt die Ehrfurcht vor heiligen Texten – sei es die Bibel oder

die Partitur eines Meisterwerks. Für Blomstedt gibt es nichts Unwesentliches im Notentext, jedes Detail fordert die gleiche Aufmerksamkeit. Davor, ein buchstabenfanatischer Weltdeuter zu werden, bewahrten ihn bei aller Textgenauigkeit seine überbordende musikalische Fantasie und seine Weitsicht. Die Begabung mag er auch von seiner Mutter, einer studierten Konzertpianistin, mitbekommen haben. Die gesamte mütterliche Familie, zu der auch einige Spielleute zählten, war fantasiebegabt und musikalisch. Die Mutter, die trotz ihrer tragischen Erkrankung an rheumatoider Arthritis ein fröhlicher, lebensbejahender Mensch war, bot dem Heranwachsenden ein offenbar ideales Gegengewicht zu der an strengen Idealen orientierten Konsequenz des Vaters. Von beidem hat Blomstedt gezehrt.

Ein wenig von dieser Polarität meint man auch in den höchst gegensätzlichen Temperamenten der Dirigenten Igor Markevitch und Leonard Bernstein wiederzuerkennen, die Blomstedt neben dem schwedischen Dirigenten und Nachfolger von Wilhelm Stenhammar in Göteborg Tor Mann zu seinen wichtigsten Lehrern zählt. Beide Pole tragen auch zum Zauber seiner Interpretationen bei. Denn diese liefern allesamt den klingenden Beweis dafür, dass ein streng organisierter Arbeitsplan nichts mit Routine zu tun haben muss, ja dass die strikte Orientierung an hohen leistungsethischen Idealen sogar routinefeindlich wirken kann. Dies gelingt freilich nur, wo sie sich, wie bei Blomstedt, mit einer tiefen, geradezu seismographischen musikalischen Empfindsamkeit und einer hohen Expressivität verbindet. Beides strahlt Herbert Blomstedt auch im Gespräch aus. Keine Erinnerung wird hier einfach nur abgerufen. Stattdessen wägt Blomstedt seine Gedanken stets aufs Neue auf ihre Wahrhaftigkeit hin ab, als wolle er sich Rechenschaft darüber ablegen. Zugleich erzählt er lebhaft, voller Humor und in einer ungeheuren Vielfalt verschiedener Ausdruckslagen, ahmt fremde Tonfälle nach, singt musikalische Passagen vor und akzentuiert, gliedert und formt seinen Redefluss wie einen musikalischen Verlauf.

Um die 80 Konzerte gibt Blomstedt pro Jahr und reist dafür um die ganze Welt. Geistig und körperlich ist der Dirigent in einer bewundernswerten Kondition. Die körperliche Fitness scheint er zu einem Teil auch seinem Glauben zu verdanken. Denn eine gesunde Lebensweise gehört ebenso zu den religiösen Pflichten der Adventisten, wie die Einhaltung der samstäglichen Sabbatruhe. Und ein vegetarisches, strikt alkohol- und nikotinfreies Leben zahlt sich ganz offenbar aus. Vor allem aber sind es Blomstedts Interpretationen, die so frisch, mitreißend und unverbraucht wirken, wie man es nicht alle Tage erlebt. Bis heute gleicht nach einer dirigentischen Laufbahn von mehr als sechzig Jahren kein Blomstedt-Konzert dem anderen. Die Musik ist Herbert Blomstedts Lebenselixier.

»WIR WOLLTEN EINE KLÜGERE MUSIK«

EIN TREFFEN IN DRESDEN:
Die Jahre als Chefdirigent der Staatskapelle Dresden

Die Staatskapelle Dresden ernennt Herbert Blomstedt zu ihrem Ehrendirigenten. Er ist in der Geschichte des Traditionsorchesters – nach Sir Colin Davis – erst der zweite Dirigent, dem dieser Titel verliehen wird. Blomstedt hat die Staatskapelle von 1975 bis 1985 als Chefdirigent geleitet. Über die Dresdner Hausgötter Richard Strauss, Carl Maria von Weber und Richard Wagner hinaus hat er in dieser Zeit auch das barocke Erbe der Kapelle sowie zahlreiche Erst- und Uraufführungen dirigiert. Bis heute hat er weit über 300 Konzerte mit der Kapelle gegeben und zahlreiche Platten- und CD-Aufnahmen eingespielt. Herbert Blomstedt ist von beinahe allen Orchestern, die er als Chefdirigent geleitet hat, zum Ehrendirigenten ernannt worden. In San Francisco wurde diese Auszeichnung eigens für ihn geschaffen. Ehrendirigent ist Herbert Blomstedt auch beim NHK Symphony Orchestra in Tokio und bei den Bamberger Sinfonikern, die er beide regelmäßig dirigiert.

Die Ernennung zum Ehrendirigenten in Dresden erfolgt im Mai 2016 im Rahmen eines Konzerts mit Max Regers Klavierkonzert f-Moll op. 114 und Ludwig van Beethovens 7. Symphonie. Solist ist der amerikanische Pianist Peter Serkin. Der Orchestervorstand Bernward Gruner würdigt Herbert Blomstedt überschwänglich: »In großer Gründlichkeit, mit überschäumender Liebe zur Musik und stets sehr achtungsvoll im Umgang mit den Musikern und dem Publikum gingen Sie zu Werke. Sie setzten künstlerisch und menschlich Maßstäbe, die unter keinen Umständen unterschritten werden konnten.« Herbert Blomstedt ist sichtlich gerührt, als er seine Dankesworte spricht: »Mein Herz hat zwei Kammern, es sind zu wenige. Ich möchte in meinem Herzen viel Platz für die Freunde und Erinnerungen in Dresden haben.«

Können Sie sich daran erinnern, wann Sie die Dresdner Staatskapelle zum ersten Mal gehört haben?
Oh ja, das weiß ich noch genau. Ich war ein Teenager und besuchte gerade meine Großeltern in Värmland, wie ich es jeden Sommer tat. Sie besaßen einen kleinen Telefunken-Rundfunkapparat aus Bakelit. Das war damals durchaus etwas Besonderes. In den dreißiger Jahren sendete der Deutschlandfunk am Sonntagvormittag immer ein Symphoniekonzert. Und eines Sonntags hörte ich die Mozart-Variationen von Max Reger, diese wunderbare Musik, die ich schon vom Klavier her kannte. Ich war zu dieser Zeit zwar schon auf die Geige fixiert, aber zum Entdecken des Repertoires spielte ich auch etwas Klavier. Die Mozart-Variationen waren relativ einfach, die konnte ich spielen. Aber so, wie in dieser Rundfunkübertragung hatte ich das Werk noch nicht gehört. Das war unfassbar schön. Schließlich kam die Ansage: »Es spielte die Sächsische Staatskapelle Dresden unter der Leitung von Karl Böhm.« Seither schwebte die Kapelle für mich im Himmel. Viele Jahrzehnte später sollte ich dieses wunderbare Orchester dann selber dirigieren, aber in diesem fremdartigen Land der geistigen und politischen Unterdrückung, das mir sehr unheimlich war. Das war ein großer Widerspruch für mich. Der Kommunismus war meine Sache nicht.

Wie kam es dann zum ersten Konzert?
Meine erste Begegnung mit der Kapelle fällt ins Jahr 1969. Das Orchester hatte ein Jahr zuvor seinen Chef durch den »Prager Frühling« verloren. Die Freiheitsbewegung von Alexander Dubček, die unter dem Slogan »Ein Sozialismus mit menschlichem Gesicht« stand, war eine Revolte gegen Moskau. Und als solche wurde sie von Russland brutal niedergeschlagen. In Prag rollten nicht nur sowjetische Panzer ein, sondern vermeintlich auch Panzer aus der DDR. Eine Annahme, die sich jahrzehntelang gehalten hat. Erst jüngere Forschungen haben gezeigt, dass die Panzer der NVA in Wahrheit kurz vor der Grenze auf deutschem Boden stehengeblieben sind. Der Chefdirigent der Kapelle Martin Turnovský aber ging wie alle

Menschen damals davon aus, dass DDR-Panzer an der Niederschlagung des Aufstands beteiligt waren. Das bewog ihn dazu, sofort sein Amt niederzulegen und Dresden zu verlassen. Als Tscheche wollte er nicht zusehen, wie die Menschen des Landes, in dem er arbeitete, seine eigenen Landsleute niedermetzelten. Das kann ich gut verstehen. Václav Neumann in Leipzig, der auch ein Tscheche war, tat dasselbe. Beide Dirigenten haben sofort die DDR verlassen. Dabei war es für das Gewandhausorchester eine wunderbare Zeit mit Neumann gewesen. Neumann war ein Musikant, in seinen Konzerten floss alles mit großer Leichtigkeit und Natürlichkeit. Möglicherweise war er dem Gewandhausorchester sogar ein wenig zu freundlich. Beide großen DDR-Orchester standen also schlagartig ohne Chef da, und ich war einer der Dirigenten, die in Dresden einsprangen. Herbert Kegel war ein anderer. Mit ihm hatte die Kapelle gleich 1968 eine Tournee nach Schweden unternommen, die Turnovský nicht mehr dirigiert hat. Kegel war ein sehr beachtlicher Dirigent, aber er passte überhaupt nicht zur Kapelle. Diese Tournee war wohl eine Katastrophe. In Schweden hat das Orchester dann von mir erfahren. Und so baten sie mich, ein Konzert im April 1969 zu übernehmen. Ich zögerte erst, weil ich noch nie hinter dem Eisernen Vorhang gewesen war. Aber andererseits schwärmte ich doch so für die Kapelle.

Wie waren Ihre Eindrücke auf dieser ersten Reise in die DDR?

Ich reiste mit dem Zug aus Stockholm an. Mitten in der Nacht kamen die Zollbeamten mit Hunden zu mir ins Schlafabteil. Sie waren nicht unfreundlich, aber es war sehr unheimlich. So etwas war ich aus Schweden nicht gewohnt. Ich fragte mich: »Worauf habe ich mich eingelassen?« In Ost-Berlin musste ich früh morgens den Zug wechseln. Es war noch dunkel und der große Bahnhof war ganz leer. Plötzlich entdeckte ich hoch oben auf einer Rampe doch einen Menschen – es war ein Soldat mit einem Gewehr. Das hat mich alles sehr beunruhigt. Es war kalt und es roch im Zug auch so fremd, nach irgendeinem Reinigungsmittel. Der Bahnhof in Dresden schien mir völlig verkommen, alles war kaputt, die Gleise überwuchert von Gras, alles geschwärzt von Ruß. Und mitten in diesem düsteren Szenario tauchte dann ein sehr freundlicher Mann auf. Es war der Orchesterdirektor Dieter Uhrig, der mich persönlich abholte und zu diesem wunderbaren Orchester brachte. Der Kontrast zwischen der deprimierenden Umgebung und der Kapelle und ihrem Spiel hätte nicht größer sein können.

Wissen Sie noch, was auf dem ersten Konzertprogramm stand?

Erst einen Monat vorher hatte ich diesem Einspringerkonzert zugesagt und spielte daher, was ich in Kopenhagen parat hatte. Den ersten Teil des Programms sollte ich so übernehmen, wie er geplant gewesen war. Da spielten wir von Paul Hindemith das Konzert für Holzbläser, Harfe und Orchester sowie das Violinkonzert von Johannes Brahms mit Ricardo Odnoposoff. Den zweiten Teil des Abends konnte ich selber gestalten und entschied mich für die 5. Symphonie von Carl Nielsen. Die ist hundeschwer, auch rein spieltechnisch, für die Streicher, und wir hatten insgesamt nur drei Proben. Aber zu meinem größten Erstaunen war es damals schon nach einer Probe fast perfekt. Ich war wie vom Donner gerührt, dass so etwas möglich ist. Später nahm mich der Solobratscher Joachim Ulbricht zur Seite und gestand mir, dass die Kapelle diese Musik gar nicht verstanden habe. Sie waren mit den skandinavischen Komponisten nicht vertraut. Aber trotzdem haben sie diese Nielsen-Symphonie so schön gespielt. Unglaublich. Nach diesem Konzert hat die Kapelle mich sofort wieder eingeladen, und schon im nächsten Jahr, 1970, haben sie mich gebeten, ihr Chef zu werden.

Aber es dauerte dann noch fünf Jahre, bis Sie diese Position angenommen haben. Warum?

Ich habe jahrelang gezögert, diesen Posten anzunehmen, obwohl das Orchester mich gedrängt hat. Ich wollte nicht in dieses Land kommen, dessen Politik mir so verhasst war. Aber die Musiker haben mich sehr klug und geschickt umworben. Das haben sie nicht nur durch Überredungskünste getan, sondern vor allem auch, indem sie mir zeigten, was ich verpassen würde, wenn ich nicht käme. Sie führten mir vor, wie schön Dresden ist und wieviel Musik es in der ganzen Umgebung gibt: Hier hat Carl Maria von Weber den »Freischütz« komponiert und dort Richard Wagner den »Lohengrin«. Sie fuhren mit mir nach Freiberg, wo es eine prächtige Silbermann-Orgel gibt. Weil sie wussten, dass ich gerne Orgel spiele, haben sie arrangiert, dass nur für mich eine Demonstration stattfindet. Das waren fantastische Erlebnisse und die Botschaft dahinter war klar. Sie lautete: Wie können Sie auch nur zögern, in unser wunderbares Dresden zu kommen? Nach einem Gastdirigat kam hinter der Bühne der Solopauker Peter Sondermann auf mich zu und beschwor mich: »Herr Professor, Sie müssen kommen. Wir beten jeden Tag dafür.« Ich habe damals auch Igor Markevitch um Rat gefragt, der einige Male als Gastdirigent in Dresden gewesen war. Auch er sagte: »Das musst du unbedingt akzeptieren, das wird Dein Leben verändern.« Ich zögerte immer noch. Ich fürchtete, in einer Diktatur würde ich mich nicht wohl fühlen. Andererseits fühlte ich mich ja ungeheuer wohl mit dem Publikum und mit diesem Orchester, das mir wie eine Insel der Seligen erschien. Nach zweieinhalb Jahren habe ich dann schließlich eingesehen, dass ich nicht mehr widerstehen kann.

Gab es ein Schlüsselerlebnis für Ihre Entscheidung?
Weihnachten 1972 glückte dem Orchester sein letzter Coup. Herbert von Karajan war in Dresden gewesen, um Wagners »Meistersinger von Nürnberg« aufzunehmen. Die Semperoper war dort noch nicht wiederaufgebaut worden. Wir spielten im Schauspielhaus, das aber zu klein war, um große Wagner-Opern zu spielen. Auch ich habe die Kapelle ja damals schon regelmäßig dirigiert. Das Opernrepertoire musste warm gehalten werden, damit es nicht verloren geht. Daher kam die Idee, für das Label Eterna die großen Opern für die Schallplatte aufzunehmen. Karajan machte Wagners »Meistersinger«, später machte Carlos Kleiber »Tristan und Isolde« und den »Freischütz« von Carl Maria von Weber und Marek Janowski nahm den ganzen »Ring des Nibelungen« auf. Es gab 18 Aufnahmetermine für die

»Meistersinger«, aber nach neun Terminen war bereits alles fertig. Beim neunten Termin fehlte 15 Minuten vor Schluss nur noch die Ouvertüre. Karajan dankte also dem Orchester und verabschiedete sich bis zum nächsten Tag. Die Musiker aber fragten: »Wir haben doch noch 15 Minuten Zeit. Warum nehmen wir nicht noch die Ouvertüre auf? Wir kennen doch das Stück.« Karajan willigte ein es zu versuchen, er gab rotes Licht für die Aufnahme, sie spielten die Ouvertüre einmal durch – und genau so ist das auf der Platte gelandet. Ohne eine einzige Änderung. Karajan hielt daraufhin eine kurze Ansprache an das Orchester. Er sagte etwas in diesem Sinn: ›Als ich nach Dresden kam, merkte ich vom ersten Moment an, dass hier etwas ganz anders ist. In Dresden gibt es so viele Ruinen und tote Monumente. Sie aber, meine Herren, sind ein lebendiges Monument. Bleiben Sie so. Wenn ich nicht in Berlin gebunden wäre, würde ich zu Ihnen kommen.‹ Karajans Worte wurden aufgenommen auf einer kleinen Spule – und diese Spule hat mir das Orchester zu Weihnachten geschenkt. Ohne weiteren Kommentar.

Diese Professionalität der Kapelle hat tatsächlich etwas Tollkühnes. War es das, was Sie überzeugt hat?
Ja, das war der letzte Tropfen. Ich sagte zu, und ich habe das nie bedauert. Diese Geschichte verrät viel über die Mentalität der Kapelle. Die Kapelle ist im besten Sinne stur. Wenn diese Musiker etwas wollen, dann lassen sie nicht locker, bis sie es bekommen. Trotzdem dauerte es noch weitere zweieinhalb Jahre, bis ich den Vertrag unterzeichnete, denn auch der Staat musste noch überzeugt werden. Die Kapelle war in Ost-Berlin nicht sehr beliebt. Sie war nur insofern beliebt, als sie Devisen brachte durch ihre Auslandskonzerte. Von den erspielten Gagen erhielt die Kapelle selbst nur einen Bruchteil. Das meiste Geld floss in die Staatskasse. Abgesehen davon, dass sie Geld einbrachte, war die Kapelle dem DDR-Regime aber viel zu selbstbewusst und zu eigenwillig. So war es auch in diesem Falle wieder. Das Orchester bestand hartnäckig darauf, diesen jungen Mann aus dem kapitalistischen Ausland als Chefdirigenten zu bekommen, wo es doch nach offizieller Staatsmeinung die

besten Dirigenten im eigenen Land gab. Aber das Orchester stellte sich stur. Dazu gehörte damals viel Mut.

Macht eine solche Hartnäckigkeit es dem Dirigenten nicht auch manchmal schwer?

Der Eigensinn der Kapelle konnte manchmal auch unangenehm sein, aber er hatte immer einen künstlerischen Hintergrund. Im Briefwechsel zwischen dem Dirigenten Fritz Busch und seinem Bruder, dem Geiger Adolf Busch, gibt es eine schöne Stelle dazu. Fritz Busch hatte als Generalmusikdirektor in Dresden Musikgeschichte geschrieben, bis er von Nazis im wörtlichen Sinne aus der Oper hinausgegrölt wurde. Als er die Kapelle das erste Mal dirigiert hatte, schrieb er seinem Bruder ganz begeistert von diesem unglaublichen Erlebnis. Drei Jahre später gab es auch einmal Schwierigkeiten, und da beklagt er sich an einer Stelle, die Kapelle würde sich benehmen, »wie eine widerspenstige Kuh«. Wenn man etwas Ungewöhnliches will von der Kapelle, dann kann es passieren, dass die Musiker zwar freundlich sind, aber die Sache boykottierten, indem sie einfach nicht mitmachen, sich nicht bewegen. So etwas habe ich auch erlebt. Nikolaus Harnoncourt kam einmal für eine Schallplattenaufnahme nach Dresden. Ihm ist die Kapelle einfach nicht gefolgt. Harnoncourts Originalklang-Ästhetik, seine schnellen Beethoven-Tempi zum Beispiel, haben der Kapelle nicht gelegen. Dann kam Colin Davis mit seinen breit gedehnten Tempi, und das liebte die Kapelle, weil sie hier ihre Klangzaubereien ausspielen konnte. Auch an Christian Thielemann lieben sie die traditionellen Tempi und die Klangzaubereien.

Die Spielmoral der Kapelle war zu meiner Zeit einzigartig. Ich hatte so etwas vorher noch nie erlebt und auch danach nicht mehr in dem gleichen Sinne. Das Orchester war geballte Energie, wie ein Kernkraftwerk. Sie setzten alles daran, dass es immer noch besser wurde. Ich gebe Ihnen ein Beispiel: Einmal merkte ich während einer Probe, dass das Orchester plötzlich leiser spielte, obwohl ich gar kein entsprechendes Zeichen gegeben hatte. Woher kam das? Der Konzertmeister Rudolf Ulbrich hatte eine winzige Bewegung mit seinem Oberkörper gemacht, er war so ein bisschen mit der Schulter nach unten gesunken – und sofort spielten alle leiser. So aufmerksam waren sie. Sie musizierten immer auf der Stuhlkante. Die Soloharfenistin hieß Jutta Zoff. Sie hatte eine tiefe, fast männliche Stimme, sie war eine fantastische Musikerin und sie ist ein wunderbarer Mensch. Jede Note, die sie spielte, war eine Zauberei. Im »Heldenleben« gibt es eine Stelle nach dem großen Geigensolo in der Liebesszene, die mit einem langen Ges-Dur-Akkord in der Harfe endet. In jedem Konzert sah ich immer schon, wie sie sich Minuten vorher innerlich auf diesen Akkord vorbereitete, und ich habe ihn nie schöner gehört als mit ihr. In diesem Orchester bin ich musikalisch als junger Dirigent aufgewachsen. Das war natürlich fantastisch. Dresden bewegt mich bis heute. Immer wenn ich zurückkomme, ist es etwas ganz Besonderes, obwohl der Geist von früher heute nicht mehr da ist. Diese totale Hingabe, dieser unbedingte Wille, es noch besser machen zu wollen. Das ist heute anders. Heute ist es ein sehr gutes Orchester, aber ich spüre nicht mehr diese existentielle Unbedingtheit.

Wie erklären Sie sich das?
Ich glaube, das hing mit der spezifischen Situation dieses Orchesters in der DDR zusammen. Man soll sich diese Zeit natürlich niemals zurückwünschen. Wir sind alle glücklich, dass diese Diktatur vorbei ist. Aber so schrecklich die politische Situation auch war, hat sie doch offenbar dazu beigetragen, dass die Musiker so extrem für ihre Kunst gelebt haben. Sie waren völlig fokussiert auf ihre Aufgaben. Die Musik bedeutete alles für sie. Da fand das Leben statt. Sie bot eine Gegenwelt.
Hinzu kommt, dass das Orchester damals quasi seine eigene Schule hatte. Die meisten neuen Orchestermitglieder waren Schüler der älteren gewesen. Fast alle kamen aus Sachsen. Das ist heute ganz anders, die Musiker kommen von überall her. Seltsamerweise tradieren sich bestimmte Spezifika trotzdem, sogar in eine neue Generation hinein. Wir haben gerade das Klavierkonzert von Max Reger gespielt. Für Reger hatte die Kapelle immer schon einen Instinkt. Und den habe ich auch jetzt wieder gespürt, obwohl größtenteils ganz andere Musiker im Orchester sitzen.

Wie weit der Stolz und Perfektionismus des Orchesters gingen, zeigt eine Episode, an die sich der russische Dirigent Kirill Kondraschin in einem Buch erinnert, das wir 1978, zum 430. Jubiläum der Kapelle, herausgegeben haben. Kondraschin war einige Male als Gastdirigent in Dresden gewesen. In seinem Beitrag erzählt er von einer Probe. Alles verlief bestens. Die Musiker spielten und Kondraschin gab seine Anweisungen. Eine Stelle der 3. Flöte hat er zwei oder drei Mal wiederholen lassen, bis sie perfekt war. Das ist ein normaler Vorgang, alles verlief freundlich. Als Kondraschin am nächsten Tag zur Probe kam, saß dort ein neuer Flötist. Kondraschin vermutete, dass der Flötist vom Vortag vielleicht eine Mugge angenommen hatte und deshalb für den Tag ersetzt worden war.

Als »Mugge« bezeichnen Orchestermusiker ein »musikalisches Gelegenheitsgeschäft«, das heißt einen Auftritt, den sie neben ihrer Orchestertätigkeit annehmen. Muggen sind bei vielen Musikern als Nebenverdienst und willkommene Abwechslung vom Orchesteralltag beliebt, bei Chefdirigenten jedoch eher unbeliebt, weil sie wechselnde Orchesterbesetzungen zur Folge haben.

Nach der Probe fragte er den Orchesterdirektor, warum denn ein anderer Flötist in der Probe gesessen habe. Er bekam die völlig perplexe Antwort: »Sie waren doch nicht zufrieden mit ihm. Deswegen haben wir ihn ausgetauscht.« Natürlich sei er zufrieden mit dem Flötisten gewesen, erwiderte Kondraschin, er habe seine Anweisungen doch umgesetzt. Daraufhin belehrte ihn der Orchesterdirektor: »In unserem Orchester soll ein Dirigent nie öfter als einmal ansagen müssen, was er will.« Das war die Arbeitsmoral dieser Musiker. Beinahe unglaublich. Die Kapelle hatte einen Selbstreinigungsmechanismus, der auch furchterregend sein konnte. Der Solo-Trompeter der Kapelle hat mir einmal erzählt, welche Maximen ihm die Kollegen mit auf den Weg gegeben hätten, als er neu ins Orchester kam: Mache niemals einen Fehler, komme nie zu früh und nie zu spät, spiele immer sauber, und so weiter. Er sagte mir, er habe diese Regeln stets akribisch befolgt, ja er sei geradezu perfekt im Befolgen gewesen, aber dieser Geist habe ihn als Musiker zerstört. Er habe nie mehr wirklich frei musizieren können, weil er nur darauf bedacht gewesen sei, alles richtig zu machen. Tatsächlich muss ein furchtbarer Druck auf den Musikern gelastet haben. Einige Menschen damals glaubten, in diesem Perfektionismus der Kapelle habe sich der typische DDR-Geist widergespiegelt. Ich glaube jedoch, dass es vielmehr der typische Geist der Staatskapelle war. Die DDR ist natürlich ein Zwangsstaat gewesen. Aber ich glaube, dass die Musiker der Kapelle nicht aus politischen Gründen so waren, sondern weil sie besessen waren von ihrem musikalischen Anspruch.

Wie viele der Musiker waren damals Parteimitglieder?
Es gab, soweit ich weiß, sieben Parteimitglieder. Das waren nicht die besten Musiker in der Kapelle. Einige von ihnen waren sogar recht mittelmäßig. Ich denke, der Grund dafür lag darin, dass diese Musiker sich zu sicher fühlten. Einen Cellisten gab es, der Parteimitglied war und dennoch ein sehr guter Musiker. Aber der war aus Überzeugung Kommunist und nicht aus strategischen Gründen oder Opportunismus. Er war ein Idealist. Als die Wende kam, wurde er sofort als Stasiagent rausgeschmissen. Ich habe das bedauert. Ich konnte das zwar aus der Perspektive des Orchesters verstehen, aber es war auch menschlich sehr tragisch.

Wie hat sich Ihr Repertoire verändert, als Sie nach Dresden gingen?
Bevor ich nach Dresden kam, hatte ich nie eine Note von Richard Strauss gespielt. Ich liebte seine Musik nicht besonders. Auf der einen Seite war es natürlich ein bisschen wie mit den Trauben, die dem Fuchs zu sauer sind, weil sie zu hoch hängen: Am Anfang konnte ich Strauss nicht spielen, weil meine Orchester zu klein waren. Vor allem aber war meine Generation zunächst sehr antiromantisch eingestellt. Wir wollten eine nüchterne, vermeintlich klügere Musik. Wir liebten Barock und Neue Musik, und wir verachteten die Romantik. Da haben wir

Strauss unterschätzt. Wir dachten, das sei eine effekthascherische Show-Musik: viel Kosmetik, aber wenig Substanz. Die nordischen Komponisten wie Carl Nielsen oder Jean Sibelius schienen uns darin zu bekräftigen, da sie Strauss auch abgelehnt haben. Das war der Geist der Zeit. Man hat versucht, die immer grenzenlosere Schwelgerei der Spätromantiker zu überwinden. Die Komponisten versuchten, jeweils auf andere Weise, neu anzufangen. Paul Hindemith tat das, indem er auf die Musik der Renaissance und des Barocks zurückgriff als Inspiration. Igor Strawinsky ließ sich von slawischen Rhythmen inspirieren, Béla Bartók und Leoš Janáček von der Volksmusik ihrer Länder. Und ich sehe auch Arnold Schönbergs »Methode des Komponierens mit zwölf nur aufeinander bezogenen Tönen« als ein Mittel, um die Romantik zu überwinden. Diese strenge Technik war ein Weg, um neue Öffnungen zu finden. Schönberg komponierte eigentlich wie Brahms, nur dass er in seiner Musik die harmonischen Fesseln ablegte. Ich war Teil dieser antiromantischen Generation. Natürlich hatte ich nie etwas gegen Anton Bruckner oder Johannes Brahms. Aber dort, wo die Musik so plakativ wird wie bei Strauss, wurde ich allergisch. Schon Max Bruch war mir verdächtig.

Wieso haben Sie dann doch Strauss gespielt?

In Dresden ist Strauss Chefsache. Es gibt eine lange Strauss-Tradition. Neun seiner Opern wurden hier uraufgeführt, die »Alpensymphonie« ist der Staatskapelle gewidmet. Bald nach meiner Amtseinführung wurde in Dresden ein Werbefilm über die Stadt und ihre Staatskapelle gedreht, für den ich mit der Kapelle einen Ausschnitt aus dem »Rosenkavalier« spielen sollte. Die Anfrage kam ganz kurzfristig, sodass mir keine Zeit blieb, mich vorzubereiten. Glücklicherweise wohnte der ehemalige Chefdirigent der Dresdner Philharmoniker Heinz Bongartz bei mir in der Nähe. Er war sehr hilfsbereit und gab mir ein paar Hinweise, als ich mit der Partitur in der Hand zu ihm kam und ihn um Rat fragte. Als ich es dann dirigiert habe, merkte ich, dass es mir Freude machte. So begann es. Wie die Kapelle Strauss spielen konnte, hat mir die Ohren dafür geöffnet, dass diese Musik doch besondere Qualitäten hat. Vorher hatte mich an einer Komposition vor allem die Struktur interessiert: die Polyphonie, die thematische Arbeit, die Komplexität der Form. Bach verehrte ich natürlich über die Maßen. In Dresden lernte ich, dass auch der Klang einen selbstständigen Charakter, einen Charme haben kann. Ich entdeckte eine neue Dimension. Wir spielten mehr und mehr Werke von Strauss. Bis heute liebe ich viele Werke von ihm. Die »Alpensymphonie« zum Beispiel ist eine großartige Allegorie auf das Leben. Mit der Berchtesgadener Landschaft hat das nur auf einer sehr oberflächlichen Ebene zu tun. Richard Strauss war ein echter Profi und ein fantastischer Orchestermann. Er komponierte nach seinen eigenen Worten »wie die Kuh Milch gibt« – und so konnte er auch dirigieren. Man darf nur keine falschen Erwartungen an diese Musik haben. Das ist eben nicht Beethoven. Zu den Opern von Richard Strauss habe ich allerdings wenig Beziehung. Der »Rosenkavalier« imponiert mir in technischer Hinsicht, aber er lässt mich kalt. Das ist mir zu geschickt, das hat zu viel Puder. Mit Werken wie dem »Heldenleben«, »Tod und Verklärung« oder den »Metamorphosen« kann ich mich dagegen sehr identifizieren.

Aber Opern haben Sie in Dresden auch dirigiert.
Ja, auch das war etwas ganz Neues für mich. Bevor ich mit der Staatskapelle musizierte, hatte ich noch nie eine Oper dirigiert. Die Oper hatte mich auch nie wirklich interessiert. Die ganze Gattung schien mir so weit entfernt zu sein von meinen musikalischen Idealen. Die Sänger mit ihrem Opernvibrato, die Stoffe, die Theatralik – ich hatte sehr große Bedenken gegen die Oper. Und ich war auch sehr skeptisch, ob ich als Dirigent wirklich dazu imstande wäre, eine Opernaufführung zu leiten. Die Kapelle aber drängte mich in ihrer liebenswürdigen Art auch dazu. Der Konzertmeister der 2. Geigen, Reinhard Ulbricht, sagte immer: »Herr Professor, wovor haben Sie Angst? Wir werden Sie doch auf Händen tragen. Es kann ja gar nichts passieren.« Also haben wir einen Versuch mit Beethovens »Fidelio« gemacht und die Kapelle hat ganz wunderbar gespielt. Das war 1972, noch lange bevor ich zugesagt hatte in Dresden. Es war eine sehr

schöne Erfahrung für mich. Dass man so schön spielen kann, wenn rundherum so viel passiert!
Mein Opernrepertoire blieb dennoch so begrenzt, dass ich es leicht aufzählen kann. Nach dem »Fidelio« haben wir Mozart-Opern gemacht: »Die Zauberflöte« und »Die Entführung aus dem Serail«, dann von Debussy »Pelléas et Mélisande«, Webers »Euryanthe« und Tschaikowskys »Eugen Onegin«. Das ist ja wunderbare Musik.

Das ist ja interessant: Sie liebten Tschaikowsky, obwohl Sie doch damals so antiromantisch eingestellt waren?
Natürlich! Ich bin ein verkappter Romantiker. Nur durch meine Erziehung war ich so antiromantisch eingestellt. In Tschaikowsky steckt so viel Mozart. Er vermeidet Bombast. Man muss ihn sehr fein dirigieren, nicht übertreiben. Wenn man seine Partituren genau studiert, dann sieht man, wie seine enorme Mozart-Verehrung darin eingeflossen ist. Aber viele Dirigenten missbrauchen Tschaikowskys Musik. Sie spielen sie laut, grob und viel schneller, als es angegeben ist. Ein großartiger Dirigent, den ich sehr bewundere, war Jewgeni Mrawinski. Der hat eine ganze Generation geprägt mit seinen Tschaikowsky-Interpretationen, und er ist musikalisch immer sehr genau. Aber partiturtreu war er nicht immer. Die schnellen Sätze sind oft viel zu schnell bei ihm. Das ist effektvoll, aber das ist eigentlich nicht Tschaikowsky.

Sie meinen, dass Tschaikowskys Musik eigentlich viel poetischer ist, als sie in dieser Tradition gespielt wird?
Ja, nehmen Sie zum Beispiel den zweiten Satz der 5. Symphonie. Der ist sehr genau metronomisiert. Alle paar Takte verlangt Tschaikowsky hier ein neues Tempo, aber nur mit kleinsten Abweichungen. Mal heißt es Viertel = 54, dann Viertel = 56. Und wenn in der Partitur »sostenuto« steht, ist auch das eine Tempoanweisung. Diese feinen Temposchwankungen sind sehr logisch, wenn man den Satz analysiert. Und wenn man sie befolgt, dann ergibt sich eine ganz neue Sicht auf Tschaikowsky. Dann wird daraus eine sensible Seelenmusik, die auch voller Zweifel steckt. In Russland war Tschaikowsky zu seiner Zeit verpönt, weil man

ihn als zu westlich empfand. Seine Musik schien nicht russisch genug. Und viele russischen Dirigenten spielen ihn so, als wollten sie dieses vermeintliche Manko wieder wettmachen: laut und schnell und effektvoll. Ich habe eine ganz andere Sicht auf Tschaikowsky. Als ich mit dem Concertgebouw Orchester die vierte, fünfte und sechste Symphonie gespielt habe, meinten die Musiker zu mir, es sei eine ganz neue Musik daraus geworden. Es gibt auch kleinere Klavierstücke von Tschaikowsky, die perfekt komponiert sind. Die »Jahreszeiten« zum Beispiel sind ganz wunderbare Miniaturen.

Gab es irgendwelche Zwischenfälle in Ihrer Dresdner Zeit?
Eine Geschichte werde ich nie vergessen. 1976 wurde in Ost-Berlin der Palast der Republik eingeweiht, diese scheußliche Anlage am Alexanderplatz. Zum Beethovenjahr 1977 sollten dort alle Beethoven-Symphonien gespielt werden. Die Kapelle wurde erst in allerletzter Minute darüber informiert, welche Symphonie sie beisteuern sollte. Wir spielten die 8. Symphonie. Ich wohnte in einem Hotel am Alexanderplatz im 34. Stockwerk, in einer grandiosen Bonzen-Suite. Eine halbe Stunde vor dem Konzert wollte mein Fahrer mich unten abholen, aber ich kam und kam nicht. Ich stand immer noch im 34. Stockwerk und wartete vergeblich auf den Lift, der nicht kam. Um Viertel vor Acht hetzte ich schließlich zu Fuß die Treppen hinunter und kam mit zitternden Knien unten an. Fünf Minuten vor Konzertbeginn erreichten wir den Palast der Republik und ich stürzte in meine Garderobe, um mich umzuziehen. Da kam der nächste Schreck: Die Frackkiste war aus Dresden nicht mitgekommen. Der Inspizient war verzweifelt. Kurzerhand wurde ein Musiker aus den hinteren Pulten der zweiten Geigen herausbeordert, der ungefähr meine Körpergröße hatte. Er zog seinen Frack aus und ich kam mit weichen Knien im geliehenen Frack in allerletzter Sekunde auf die Bühne. Das ganze Konzert wurde für eine Direktübertragung im Fernsehen gefilmt. Als ich dann am Pult stand, lief alles gut. Meine Sekretärin hat mir später ein langes gereimtes Gedicht über diesen Vorfall geschrieben.

Was gehörte sonst noch zum spezifischen Repertoire, das Sie in Dresden gespielt haben? Wie sah es zum Beispiel mit Neuer Musik aus?

Natürlich habe ich Werke der ansässigen zeitgenössischen Komponisten gespielt, Musik von Udo Zimmermann und von Siegfried Matthus zum Beispiel. Beide haben ja hauptsächlich Opern komponiert. Dafür war ich in der Regel nicht zuständig. An der Oper war damals Peter Gülke Dirigent. Er ist ein wunderbarer Mensch und ein hervorragender Musikwissenschaftler. Ich habe ihn sehr gern. Vor ein paar Jahren kam er einmal nach einem Konzert, das ich in Dresden gegeben habe, zu mir und begleitete mich bis zu meinem Hotel. Er war ganz überwältigt von der Musik. Ein Stück von Zimmermann, das ich sehr gerne gespielt habe, war die »Sinfonia come un grande lamento«. Das ist zwar ein bisschen auf Wirkung hin komponiert, aber doch so gut gemacht, dass es im Konzert funktioniert. Das Stück fängt mit einem langen Paukensolo an, und so bot es natürlich unserem Pauker Peter Sondermann wunderbare Möglichkeiten. Er war ein echter Künstler. Die Kapelle war überhaupt fantastisch. Von den Komponisten in der DDR war sicher Paul Dessau der beste. Ihn habe ich auch einmal besucht in seinem Haus am Zeuthener See in der Nähe von Berlin. Dessau sagte immer, der beste DDR-Komponist sei Johann Sebastian Bach. Dann gab es noch Georg Katzer und Steffen Schleiermacher. Von ihnen habe ich auch einige Werke gespielt. Aber letztlich waren das alles keine bleibenden Werke. Das geht vielleicht nicht in solchen totalitären Systemen.

Meinen Sie nicht? Was ist mit Dmitri Schostakowitsch in der Sowjetunion?

Ich habe ein sehr zwiespältiges Verhältnis zu Schostakowitsch. Seine Kammermusik finde ich wunderbar. Zwar nutzt er konventionelle Mittel, aber er schafft durch seine enorme Begabung, durch seine Fantasie etwas Einzigartiges. Das kann nicht jeder machen. Ich verstehe seine Situation. Er hat so gelitten unter Stalins Regime, dass er hypernervös und sehr zerrissen war. Und so ist auch seine Musik. Nur ein großer Musiker kann

solche extremen Erfahrungen überhaupt in Musik verwandeln. Ob das aber bleibende Musik ist, das kann ich nicht sagen. Ich habe die 10. Symphonie gerne gespielt, und auch die 8. Symphonie finde ich großartig. Von der 5. Symphonie bewundere ich die langsamen Sätze, aber den Schluss kann ich nicht ertragen. Das ist zu bombastisch. Ich kann das nicht nachvollziehen. Die »Leningrader Sinfonie« habe ich nie gespielt. Es ist schon ein Schicksal, das mich tief bewegt. Aber musikalisch ist Schostakowitsch, glaube ich, etwas für Dirigenten, die auch in Russland aufgewachsen sind oder dort studiert haben. Mariss Jansons oder Andris Nelsons können ihn fabelhaft dirigieren.
In meiner Zeit bei der Kapelle war Schostakowitsch auf dem Programm nicht gerne gesehen. Für die Kapelle war das die Musik vom großen Bruder im Osten, der eine Bedrohung darstellte. Ihr Gefühl war, dass aus dieser Ecke nur Unheil kam. Man spielte Schostakowitsch nicht gerne, und vor allem dann, wenn Gastdirigenten aus der Sowjetunion kamen, wie der ehemalige Chefdirigent Kurt Sanderling zum Beispiel, der die Kapelle von 1964 bis 1967 geleitet hatte. Schostakowitsch war der Kapelle zu stark politisch konnotiert.

Heute sieht man in Schostakowitsch zuerst den Regimegegner, der in seinen Werken einen chiffrierten Protest am System formulierte. Hat man das damals in Dresden anders wahrgenommen?
Wir haben nie darüber gesprochen, aber ich habe da einen Widerstand gespürt. Man kann Schostakowitschs Werke sicher so interpretieren. Einen offenen Protest hat er in ihnen natürlich nicht formuliert. Das wäre auch viel zu gefährlich gewesen. Wir haben in Dresden einmal das Cellokonzert gespielt mit einem sowjetischen Cellisten. Der erkannte darin eine Protesthaltung und meinte, man müsse das wissen, um diese Musik spielen zu können. Ich habe in Schostakowitschs Musik vor allem die Grimassen gehört. Ich empfand sie als Theaterposse, als unecht. Ich wusste zu wenig über die Hintergründe.

Sein Landsmann Igor Strawinsky hat auch maskenhaft komponiert.

Ja, aber in einem ganz anderen Sinn und Zusammenhang. Wenn man »Petruschka« hört, dann ist das klassisches Theater. Das hat nichts mit Politik zu tun. Ein wenig Prokofjew habe ich auch gespielt. Die 5. Symphonie finde ich großartig, auch das 1. Klavierkonzert, das sehr selten gespielt wird. Die 1. Symphonie haben wir oft gespielt, ebenso wie die Stücke aus »Romeo und Julia«. Und natürlich zählen die beiden Violinkonzerte zum Besten, was er komponiert hat. Mit Martha Argerich habe ich das 3. Klavierkonzert gespielt. Das 2. Klavierkonzert ist auch ein selten gespieltes, geradezu akrobatisches Stück. Prokofjew muss ein fantastischer Pianist gewesen sein.

Ich muss schon sagen, diese fünfzehn Jahre in Dresden waren eine fantastische Zeit, in der ich unglaublich viel gelernt habe.

Wieso fünfzehn Jahre?

Zehn Jahre lang war ich Chefdirigent und davor fünf Jahre lang heimlicher Chefdirigent. Auch in der Zeit habe ich schon etwa 20 bis 30 Konzerte mit der Kapelle gespielt und sogar zu Probespielen haben sie mich herangezogen. Das erste Mal war eine Posaunenstelle zu besetzen. Ich hörte mir die drei oder vier Kandidaten an, die sich vorstellten. In unserer Beratungssitzung fragte ich die Posaunisten des Orchesters nach ihrer Meinung. Sie wollten zuerst meine Einschätzung hören. Ich antwortete, dass ich niemanden besonders gut gefunden habe. Genau das war die richtige Antwort. Sie hatten mich getestet. Die Probespiele laufen in der Regel so ab, dass das Orchester mit auswählt, wer von den Kandidaten überhaupt qualifiziert ist. Welcher dieser qualifizierten Kandidaten dann genommen wird, ist Sache des Chefdirigenten. Auch Konzerttourneen hatte ich als heimlicher Chefdirigent mit der Kapelle schon übernommen.

Hatte die DDR-Regierung nicht Sorge, dass Dresdner Musiker überlaufen und im Westen bleiben könnten, wenn das Orchester mit einem Westdirigenten auf Tournee war?
Das gab es nicht in der Kapelle. In der gesamten Zeit, die ich dort war, ist nie jemand abgesprungen. Beim Gewandhausorchester passierte es oft, dass auf einer Tournee ein paar Musiker an den Westen verlorengingen. Die Musiker der Kapelle aber waren so stolz auf ihr Orchester, dass sie das Leben in der DDR dafür in Kauf nahmen. Aber stellen Sie sich vor: Am 31. August 1985 hörte ich in Dresden auf. Am 1. September reiste das Orchester zu den Luzerner Festspielen. Und da sind zwei der Musiker abgesprungen. Das war todtraurig.

Warum sind Sie 1985 aus Dresden weggegangen?
Es wurde sehr schwierig am Ende. Der Staat griff immer stärker zu und wollte das Orchester noch mehr ausnutzen. Wir hatten jedes Jahr ein Konzert in West-Berlin. Das waren wichtige Auftritte für uns. Dann passierte es, dass fünf meiner Bratschisten genau für dieses Konzert abwesend sein sollten, um irgendwo im Ausland Devisen für den Staat einzuspielen. Das musste ich stoppen. Ich bat um ein Gespräch mit dem zuständigen Funktionär vom Kulturministerium und sagte ihm, dass man uns das nicht antun könne. Ich versuchte ihm zu erklären, wie wichtig es sei, dass wir in Berlin in bester Verfassung spielen. Er wurde sehr böse und sagte, ich solle Ersatzspieler einsetzen. Dann kam noch ein Nachsatz mit drohendem Unterton: »Herr Blomstedt, wir haben viele Jahre in Freundschaft zusammengearbeitet. Jetzt ist es mit der Freundschaft aus.« Da dachte ich, jetzt wird es vielleicht zu Ende gehen. Ein anderer Punkt war der Wiederaufbau der Semperoper, die nun endlich wieder eröffnet wurde. Das haben sie sehr gut gemacht. Aber es bedeutete natürlich, dass in Zukunft wieder viel mehr Oper gespielt werden sollte. Ich hatte das einige Male sehr gern getan mit der Kapelle, aber nun wäre es meine zentrale Aufgabe geworden. Und die Oper ist nun einmal nicht mein Hauptanliegen. Zusammen mit der politischen Stimmung, die sich immer mehr verschlechterte, haben mich all diese Dinge zu bewogen, das

Angebot anzunehmen, das mir vom San Francisco Symphony Orchestra gemacht wurde.

Was hat die Zeit als Chefdirigent bei der Staatskapelle Dresden für Ihre Laufbahn bedeutet?
Ich glaube, die entscheidende Wende in meiner persönlichen und künstlerischen Entwicklung fand in Dresden statt. Vorher war ich nur im skandinavischen Raum tätig gewesen. Auch da habe ich viel gelernt und ich liebe diese Leute. Die skandinavischen Klangkörper sind heute auf einem hervorragenden Niveau und ich kehre gerne zu ihnen zurück. Aber die Zeit bei der Staatskapelle war für mich die eigentliche Initiation.

»IN DER STILLE
FÄNGT
DIE MUSIK AN,
WURZELN
ZU SCHLAGEN«

VERLEIHUNG DES LÉONIE-SONNING-MUSIKPREISES IN KOPENHAGEN:

Chefdirigent in San Francisco, Zwischenspiel in Hamburg, Gewandhauskapellmeister

Herbert Blomstedt wird in Kopenhagen mit dem internationalen Musikpreis ausgezeichnet, den die LÉONIE-SONNING-MUSIKSTIFTUNG jährlich vergibt. Léonie Sonning, geborene Rothberg, lebte von 1894 bis 1970 und war die Witwe des dänischen Publizisten Carl Johan Sonning, nach dem wiederum der dänische SONNING-PREIS für Verdienste um den europäischen Gedanken benannt ist. Der erste Preisträger des LÉONIE-SONNING-MUSIKPREISES war 1959 der Komponist Igor Strawinsky. Anlässlich seiner Ehrung dirigiert Herbert Blomstedt im April 2016 ein Konzert mit dem Dänischen Radio-Sinfonie-Orchester Kopenhagen, das er von 1967 bis 1977 als Chefdirigent leitete und das ihn 2006 zum Ehrendirigenten ernannte. Außerdem hält Blomstedt eine öffentliche Masterclass ab, denn die LÉONIE-SONNING-MUSIKSTIFTUNG fördert auch junge dänische Musikstudenten. Blomstedts Umgang mit den jungen Dirigierstudenten ist freundlich und voller Humor. Er macht die Kandidaten durch geschickte Fragen auf ihre eigenen Schwächen aufmerksam. Die Arbeit mit den jungen Leuten lässt deutlich werden, welche komplexen Anforderungen die Kunst des Dirigierens tatsächlich stellt. Nach der Masterclass unterhalten wir uns in Herbert Blomstedts Dirigentenzimmer im von Jean Nouvel gebauten Kopenhagener Konzerthaus, das erst 2009 eröffnet wurde. Herbert Blomstedt wirkt frisch und entspannt wie in jedem unserer Gespräche.

Wie ist man überhaupt in San Francisco auf Sie, der vor allem in der abgeschotteten DDR als Chefdirigent wirkte, aufmerksam geworden? Wie kam es zu dem Engagement?

Nach der ersten Amerika-Tournee mit der Staatskapelle 1979 bekam ich viele Einladungen nach Amerika. Ich hatte auch einen Vertrag mit Columbia Artists Management, einer der größten internationalen Künstleragenturen. Mitte der achtziger Jahre suchten mehrere amerikanische Orchester einen neuen Musikdirektor, so zum Beispiel die Symphonieorchester in Detroit, in Pittsburgh, in Los Angeles, in Minnesota und eben auch in San Francisco. Alle diese Orchester haben mir Verträge angeboten. Detroit kam für mich nicht in Frage wegen der sehr unattraktiven Stadt, in der ich nicht sein wollte. Das Orchester dort war natürlich sehr gut. Mit Pittsburgh war es ähnlich. Dort gibt es einen fabelhaften Saal, die Heinz Hall, ein altes Kino, das von dem berühmten Ketchup-Fabrikanten finanziert worden war. Kurt Masur, der damals noch Chef des Gewandhausorchesters in Leipzig war, hatte mich auf einer seiner Tourneen dem administrativen Leiter der San Francisco Symphony, Peter Pastreich, empfohlen. Mit Peter Pastreich habe ich mich später sehr gut verstanden. Er wurde ein Freund. Das Orchester suchte einen Musikdirektor, der europäische Standards vermitteln konnte. Böse Zungen behaupten, der damalige Leipziger Gewandhauskapellmeister Kurt Masur habe mich damals als Konkurrenten in der DDR loswerden wollen und deshalb auf der anderen Seite des Atlantiks Reklame für mich gemacht. Aber man soll nicht alles glauben, was erzählt wird. San Francisco hat mich sofort gereizt. Nicht nur, weil das Orchester ein echtes Hochleistungsensemble war, sondern auch wegen der wunderbaren, kulturreichen Stadt. Stellen Sie sich vor: Als ich gerade in San Francisco begonnen hatte, machte ich einen Spaziergang mit Peter Pastreich. Da kam ein Obdachloser auf uns zu. Ich wich erst zurück, aber er lächelte mich freundlich an und sagte: »Willkommen in San Francisco, Maestro Blomstedt.« So stark war das Orchester im Leben dieser Stadt verankert: Sogar die Obdachlosen wussten Bescheid, wenn ein neuer *music director* verpflichtet worden war.

Aber Sie sind damals nicht nach San Francisco umgezogen. Nein, ich blieb mit meiner Familie in der Schweiz und pendelte. Während meines ersten Jahres in San Francisco wohnte ich bei einer Dame vom Board des Orchesters zur Untermiete. Mrs. Agnes Albert besaß ein Haus in bester Lage mit Blick auf die Golden Gate Bridge. Sie war die Seele des Boards. Auch während der Dresdner Zeit war ich damals von Schweden aus gependelt. Meinen Hauptwohnsitz hatte ich zu der Zeit in Stockholm, nicht zuletzt, weil unsere beiden jüngsten Töchter Elisabet und Kristina noch zuhause lebten. Später zogen wir nach Luzern um, denn der Wohnsitz in meinem Heimatland hatte zu absurden steuerlichen Problemen geführt. Der Fiskus in Schweden verlangte, dass ich meinen Verdienst als Chefdirigent der Dresdner Staatskapelle auch rückwirkend für die gesamten zehn Jahre in Schweden versteuern solle. Das Problem war, dass ich in Dresden hauptsächlich in Ost-Mark bezahlt wurde, einer Währung, die erstens in den westlichen Ländern nichts wert war, und die ich zweitens auch gar nicht ausführen durfte. Ich lag zehn Jahre lang deswegen in einem Rechtsstreit mit den Behörden, bis mein Anwalt schließlich einen Passus im schwedischen Doppelbesteuerungsgesetz fand, der mich von dieser Steuerschuld befreite. Als dieser Passus kurz darauf geändert wurde, hatte ich keine Wahl mehr. Ich musste entweder in Dresden aufhören oder Schweden verlassen. Ich entschied mich für Letzteres und zog in die Schweiz. Meine Familie hatte ich während der Dresdner Zeit hauptsächlich mit meinen westlichen Einnahmen ernährt.

Parallel zu seiner Position in Dresden war Herbert Blomstedt von 1967 bis 1977 auch Chefdirigent beim Dänischen Radio-Sinfonieorchester Kopenhagen und leitete 1977 bis 1983 auch das Schwedische Radio-Sinfonie Orchester Stockholm. Sein in DDR-Mark ausgezahltes Dresdner Einkommen hat er zu einem Teil an religiöse Gemeinden in der DDR gestiftet. Außerdem investierte er es in Bücher und in Instrumente, vor allem in den Kauf zahlreicher Geigen. Über die Jahre hinweg entwickelte er eine persönliche Tradition: Er kaufte sich überall dort, wo er als Chefdirigent gearbeitet hatte, zum Abschied mindestens eine gute Geige als Andenken. Auf diese Weise kam über die Jahre eine beachtliche Sammlung von um die dreißig Instrumenten unterschiedlicher Qualität zusammen. Als Herbert Blomstedt unmittelbar nach der Wende Chefdirigent beim Gewandhausorchester Leipzig wurde, sah er, dass ein großer Teil seiner Musiker auf schlechten oder mittelmäßigen Instrumenten spielen musste. Zu DDR-Zeiten konnten die Musiker nichts Besseres bekommen. Das brachte ihn auf die Idee, seine Geigensammlung dem Gewandhaus zu stiften. Heute werden sieben Instrumente aus der Blomstedt-Sammlung täglich im Orchester gespielt, darunter die Guadagnini des Ersten Konzertmeisters Frank Michael Erben und die Lupot des stellvertretenden Konzertmeisters Henrik Hochschild. Die restlichen Instrumente lagern im Gewandhaus. Zum Teil können sie von Studenten der Musikhochschule ›Felix Mendelssohn Bartholdy‹ ausgeliehen werden, einige weniger exklusive Instrumente stehen auch der Musikschule ›Johann Sebastian Bach‹ in Leipzig zur Verfügung.

In San Francisco erwartete Sie wieder eine neue Kultur.
Ja, dort tauchte ich in die amerikanische Musik ein. Mein Vorgänger beim San Francisco Orchestra war Edo de Waart. Er hat wirklich viel für die Neue Musik getan. Beispielsweise hat er damit begonnen, wechselnde *composer in residence* ans Orchester zu holen, deren Werke dort uraufgeführt wurden. Diese Institution behielt ich natürlich bei. Als ich kam, war gerade John Adams als *composer in residence* geholt worden. Die von ihm begründete musikalische Stilrichtung der Minimal Music interessierte mich eigentlich nicht besonders. Aber John Adams war eine wunderbare Person und zu meiner Überraschung auch ein großer Liebhaber von Bruckner und Sibelius. Später erfuhr ich, dass er schwedische Wurzeln hatte. Der Name Adams kam vom schwedischen Adamson. Ein Stück von ihm habe ich sehr geliebt: »The Wound Dresser« für Bariton und Kammerorchester nach dem gleichnamigen Gedicht von Walt Whitman. In San Francisco habe ich Musik vieler zeitgenössischer amerika-

nischer Komponisten gespielt, etwa von Charles Wuorinen, George Perle, Roger Sessions und John Zorn, aber auch von der älteren Komponistengeneration, von Charles Ives und Aaron Copland.

Einer meiner besonders inspirierenden Mitarbeiter und Gesprächspartner war neben Peter Pastreich der künstlerische Berater des Orchesters Michael Steinberg. Er war in Breslau geboren worden, musste als Jude fliehen und war über England nach Amerika gekommen. Als Kritiker der führenden Tageszeitung »The Boston Globe« war er eine gefürchtete Institution. Er hatte sehr hohe Ideale und er konnte sehr unangenehm werden, wenn sie nicht erfüllt wurden. Er war sicher zwanzig Jahre lang der führende Kritiker in Boston. Das war während der größten Zeit des Boston Symphony Orchestra, als Serge Koussevitzky und später Charles Munch Chefdirigenten waren. Danach kam Steinberg nach San Francisco. Er wollte wieder auf der positiven Seite mitarbeiten, in der Planung und Beratung des Orchesters, statt nur auf der Kritikerseite, wo man oft auch negativ sein muss. Er wurde Programmdramaturg der San Francisco Symphony und schrieb auch fantastische Bücher, die er mir immer mit einer Widmung schenkte. Seine Texte sind hoch informativ und sachlich, zugleich ist es ein Genuss, sie zu lesen. Mit Steinberg zusammen entwarf ich auch die Programme der Konzerte. Einmal haben wir die Johannes-Passion gespielt und er schrieb einen großen Essay im Programmheft, in dem er das Publikum vor diesem Werk warnte – fast so, wie man heute Warnungen auf die Zigarettenschachteln druckt. Er schrieb, dass Bach hier große Musik komponiert habe, aber dass man den Text mit Vorsicht genießen und keinesfalls daran glauben solle. Seine Kritik bezog sich natürlich auf die judenfeindlichen Passagen in der Johannes-Passion. Es gab sowohl im Publikum, als auch im Orchester sehr viele Juden. Für mich war diese Textkritik damals etwas völlig Neues. Ich hatte nie in diesem Sinne darüber nachgedacht, weil diese Diskussion in Deutschland und auch in Schweden damals überhaupt noch nicht geführt wurde. Ich habe sehr viel von Michael Steinberg gelernt. Er war auch mein Ratgeber in neuer amerikanischer Musik. Als ich das Orchester

1995 verließ, ernannte das Orchester mich zum Ehrendirigenten. Bis heute komme ich jedes Jahr für fünf bis zehn Konzerte zurück nach San Francisco.

Warum sind Sie aus San Francisco weggegangen? Was war an dem Angebot aus Hamburg so unwiderstehlich?

Es waren zehn schöne, ertragreiche Jahre in San Francisco. Aber ich denke, nach zehn Jahren tut ein Wechsel immer gut. Wenn man zu lange an einem Ort bleibt, können sich Routinen einschleichen. Und tatsächlich verbindet mich mit Hamburg eine alte Liebe. Das hängt zum einen mit dem Dirigenten Hans Schmidt-Isserstedt zusammen. »Schmisse«, wie er genannt wurde, war 1945 der Begründer des NDR-Sinfonieorchesters gewesen und stand von 1955 an außerdem dem Königlich Philharmonischen Orchester in Stockholm vor. So lernte ich ihn kennen. 1956 fanden die sogenannten World Music Days der International Society Festival for Contemporary Music, kurz ISCM, in Stockholm statt. Dieses jährliche Festival war eine wichtige Institution der Neue-Musik-Szene. Schmidt-Isserstedt trat dort mit einem Stück von Ingvar Lidholm auf, und er bat mich, für ihn die Proben mit dem Orchester vorzubereiten. Sein Vertrauen bedeutete mir viel. In den sechziger Jahren gab es dann einen weiteren Kontakt, als er mich zum NDR-Sinfonieorchester einlud. Ich kam also nach Hamburg und wir probierten in der ehemaligen Synagoge, das war bis zur Eröffnung der Elbphilharmonie der Probenraum des Orchesters. Aber das Orchester, das damals in Hochform war, war aus irgendeinem Grund nicht mit mir zufrieden. Das nagte an mir. Als Rolf Beck, der Intendant des NDR-Sinfonieorchesters, dann 1995 mit dem Angebot an mich herantrat, erfüllte das einen alten Wunschtraum von mir. Rolf Beck war ein alter Freund von mir. Wir kannten uns aus seiner Zeit bei den Bamberger Symphonikern. Hamburg hat mich aber auch aus einem privaten Grund gereizt, denn meine Frau ist auch eine gebürtige Hamburgerin. Ihr Vater war Däne, ihre Mutter Schwedin, aber sie war in Hamburg geboren worden. Sie hatte Verwandte in Schweden und war nach dem Krieg zum »Hochpäppeln« nach

Schweden geschickt worden. Das gab es zu jener Zeit oft. So habe ich sie damals kennengelernt. Trotz alledem sollte es dann mit Hamburg schon wieder ein Problem geben. Denn kaum hatte ich dort 1996 begonnen, kam eine Delegation vom Leipziger Gewandhaus angereist und unterbreitete mir das Angebot, als Nachfolger von Kurt Masur neuer Gewandhauskapellmeister werden. Das war eine Gewissensfrage. Natürlich war das Hamburger Orchester in einer viel besseren Verfassung als das Leipziger. Das Gewandhausorchester hatte schwierige Zeiten hinter sich. Zum einen wegen der Wende, zum anderen auch wegen der allzu langen Amtszeit von Kurt Masur, der fast dreißig Jahre dort gewirkt hatte. Am Ende lief das nicht mehr so gut zwischen ihm und dem Orchester. Ich hatte das Orchester mit Masur auf einer Tournee in San Francisco gehört und war sehr enttäuscht gewesen.

Trotzdem haben Sie das Leipziger Angebot angenommen, denn Sie gingen ja ein Jahr früher aus Hamburg weg, um das Gewandhausorchester zu übernehmen.

Ich konnte dieses Angebot aus Leipzig unmöglich ablehnen, bei der Verehrung, die ich Zeit meines Lebens für die deutsche Musik- und Orchestertradition gehegt habe. Ein Orchester mit diesem Nimbus, einer solchen Geschichte! Damals war natürlich die Dresdner Staatskapelle auf einem viel höheren spieltechnischen und musikalischen Niveau. Das Gewandhausorchester war jedoch zu Ost-Zeiten immer bevorzugt worden. Dazu kann ich Ihnen folgende Geschichte erzählen. Die Staatskapelle und ich waren 1976 zu den SALZBURGER FESTSPIELEN eingeladen worden. Damals hatte ich gerade als neuer Chef bei der Kapelle angefangen. Es waren sehr schöne und erfolgreiche Gastauftritte, und die Festspiele wollten uns unbedingt wieder einladen. Seltsamerweise hörten wir in den Jahren danach aber nie wieder etwas von ihnen. Jahre später fragte unser Orchesterdirektor einfach einmal direkt in Salzburg nach, und da erfuhr er, dass sich das Festival Jahr für Jahr erfolglos um uns bemüht hatte. Alle Reisen liefen ja über die zentrale staatliche Künstleragentur der DDR. Von dort aus war der Festspielleitung immer mitgeteilt worden, dass die Staatskapelle leider nicht abkömmlich sei, dass sie aber jederzeit gerne das Gewandhausorchester engagieren könnten. Uns hatte man das noch nicht einmal mitgeteilt. Diese Entscheidung hatte einerseits einen pragmatischen Hintergrund. Das Gewandhausorchester war und ist ja wesentlich größer als die Kapelle, weil es auch die Oper und die Thomaskirche bespielt. Dadurch ist es möglich, dass zuhause in Leipzig weiter Oper gespielt wird, während ein anderer Teil in Salzburg Konzerte gibt. Der entscheidende Grund dafür, dass man uns nicht nach Salzburg gelassen hat, war aber ein anderer. Dem Gewandhausorchester stand mit Kurt Masur ein hundertprozentiges DDR-Produkt vor, in mir dagegen sah man ein potentiell verdächtiges Subjekt aus dem kapitalistischen Ausland. Damals lernte ich den deutschen Ausdruck kennen, »wie der letzte Dreck« behandelt zu werden, denn so fühlte sich die Kapelle. Sie wurde geduldet, weil auch sie Devisen brachte. Aber das Gewandhaus wurde bevorzugt.

Als das Angebot aus Leipzig kam, hatte ich also das Gefühl, da kann ich nicht Nein sagen. Aber wie sollte ich das Herrn Beck vermitteln? Tatsächlich hat er mir meine Entscheidung einige Zeit übelgenommen, vor allem, weil ich ihm auf Anraten meines neuen Agenten Lothar Schacke erst davon berichtete, als der Vertrag schon unterzeichnet war. Rolf Beck wollte auch nicht, dass ich mich zwischen beiden Orchestern aufteile, wie ich es in der Vergangenheit mit meinen skandinavischen Orchestern und Dresden getan hatte. Dort hatte es keine Probleme gegeben, weil die Orchester sich ja auch keinerlei Konkurrenz machen konnten. Hamburg und Leipzig waren sich in Rolf Becks Augen aber zu nah. Er wollte, dass ich vorzeitig gehe und so wurde ich 1998 Gewandhauskapellmeister. Bald wurden wir wieder beste Freunde, und ich kehre bis heute jedes Jahr mit Freude zurück, um den Verlust wieder gut zu machen. Das NDR-Sinfonieorchester ist in der Probenarbeit nicht ganz einfach. Ich habe diese gelassene, unaufgeregte Art sehr gerne – aber nicht in der Orchesterarbeit. In Dresden, Leipzig oder in San Francisco sitzen die Musiker schon kurz vor Probenbeginn da, eine Minute vorher wird eingestimmt und dann geht eine neugierige, erwartungsvolle Spannung aus vom Orchester. So etwas kann man aber nicht erzwingen.

Die Staatskapelle Dresden und das Gewandhausorchester Leipzig sind zwei der großen deutschen Traditionsorchester und sie stehen immer in Konkurrenz zueinander. Wie sind Sie nach Ihren Erfahrungen in Dresden auf das Gewandhausorchester zugegangen?

In Leipzig musste ich zunächst viel umstellen. Mein Vorgänger Kurt Masur hatte einen ganz anderen Stil als ich gehabt. Er hat fast dreißig Jahre lang wie ein Alleinherrscher alles im Haus bestimmt, bis hin zu den Verträgen der Putzfrauen. Auch als Dirigent hatte er ein völlig anderes Naturell als ich. Er war eine Kraftnatur und forderte absolutes Gehorchen. Bei vielen, besonders beim Publikum, kam das sehr gut an als Zeichen der Stärke. Auf die Dauer nutzt sich so eine Art aber ab, und so wurden Masurs letzte Jahre mit dem Gewandhausorchester sehr problematisch. Sein Bestes konnte er auf anderen Gebieten geben: als Bauherr des neuen Gewandhauses und als friedlicher Mahner bei der Wende zur Wiedervereinigung. Das machte ihn zum Nationalhelden. Auch die Berufung ans New York Philharmonic Orchestra, wo er von 1991 an Chefdirigent wurde, war ein Segen für ihn. Diese Zeit hat ihn sehr verändert. Er wurde weicher und auch demokratischer. Eine andere Seite in ihm konnte aufblühen. Für Masur muss es damals sehr hart gewesen sein, dass sich das Gewandhausorchester nach so vielen Jahren gegen ihn entschied. Aber es ging nicht mehr zwischen Orchester und Chefdirigent.

Sie sagten, Sie mussten viel umstellen in Leipzig. Was genau meinen Sie damit?

Das Gewandhaus ist wie ein Imperium. Es arbeiten dort ungefähr 300 Angestellte. Als ich das Orchester übernahm, waren es 185 Musiker. Man hatte das Orchester zu DDR-Zeiten ziemlich gewaltsam aufgestockt, damit es noch mehr reisen konnte, um noch mehr Devisen einzubringen. So war die schnöde, ganz und gar unkünstlerische Staatslogik, die diese Entscheidung motiviert hatte. Aber man kann einem Orchester nicht einfach ruckzuck irgendwelche neuen Musiker aufpfropfen, ohne dass der Organismus Schaden nimmt – zumal es nicht alle die gleich hochkarätigen Musiker waren, die auf die Schnelle eingestellt worden waren. Groß muss das Orchester natürlich sein, weil es Oper, Konzert und Thomaskirche gleichzeitig bespielen muss. In Dresden gibt es jetzt nur zehn bis zwölf Symphoniekonzert-Programme pro Saison. In Leipzig sind es dreißig bis fünfunddreißig, plus Opernvorstellungen und jeden Sonntag eine Bachkantate in der Thomaskirche. Diese Vielfalt und das regelmäßige Bach-Spiel sind sehr gut für die Musiker.

All die verschiedenen Leitungsfunktionen, die Masur innehatte, habe ich nicht übernommen. Ich war Gewandhauskapellmeister und künstlerischer Leiter, Punkt. Den administrativen Kram habe ich abgelehnt und einen Intendanten gefordert. Das war also meine erste Amtshandlung: Ich suchte einen Intendanten. Andreas Schulz kannte ich vom Schleswig-Holstein Musik Festival her und schätzte ihn sehr. Wir haben all die Jahre hervorragend zusammengearbeitet und ich habe ihm bewusst sehr viel Spielraum gelassen. Wir haben ähnliche Ideale und es gibt auch privat einige Gemeinsamkeiten, von denen ich vorher noch nichts wusste. So ist auch sein Vater Pastor gewesen. Und auch Andreas Schulz hat viele Töchter. In dieser Hinsicht ist er mir sogar voraus, denn er hat fünf Töchter, während ich nur vier habe.

Die Bestellung eines Intendanten schuf Ihnen den nötigen Freiraum, um sich auf die künstlerischen Belange zu konzentrieren. Was waren die größten Veränderungen im künstlerischen Bereich?

Als Erstes führte ich die alte deutsche Orchesteraufstellung wieder ein: Die ersten und die zweiten Violinen sitzen im Unterschied zu der heute international üblichen amerikanischen Sitzordnung nicht nebeneinander, sondern einander gegenüber – darauf kommt es an. Links außen sitzen die ersten Geigen, rechts außen die zweiten Geigen. Neben den ersten Geigen sind die Kontrabässe platziert, in der Mitte die Celli und innen neben den zweiten Geigen die Bratschen. Man muss in dieser Aufstellung spielen, weil die Werke vom 19. Jahrhundert an eindeutig für diese Aufstellung komponiert sind. Ihnen liegt das dialogische Prinzip zugrunde. Erste und zweite Geigen dialogisieren miteinander. Es ist also weniger eine Frage des Klangs, als eine der Hervorhebung der musikalischen Struktur. Bis zum zweiten Weltkrieg wurde immer in dieser alten Aufstellung musiziert. In meiner Jugend aber gab es nur sehr vereinzelt Dirigenten, die die deutsche Aufstellung nutzten. Rudolf Kempe war einer davon, Hans Knappertsbusch ein anderer. Alle anderen, darunter zum Beispiel auch Karl Böhm, ließen ihre Orchester in der amerikanischen Aufstellung spielen, bei der die zweiten Geigen neben den ersten Geigen sitzen, dann die Bratschen folgen, die Celli rechts außen sitzen und dahinter die Kontrabässe. Ich wusste schon als junger Mann, dass ich diese Aufstellung nicht mit meinem Gewissen vereinbaren kann, aber ich habe mich lange nicht getraut, sie umzustellen. Denn meistens wollten die Musiker das nicht. In Dresden hatte ich mich auf eine Kompromisslösung eingelassen. Die Staatskapelle Dresden spielt so wie die Wiener Philharmoniker: mit den Bratschen rechts außen, aber den zweiten Geigen links innen, also neben den ersten Geigen, und den Celli in der Mitte. Christian Thielemann bevorzugt heute, glaube ich, auch die deutsche Sitzordnung. Schon in San Francisco hatte ich dann begonnen, die deutsche Aufstellung wieder einzuführen. Und in Leipzig habe ich sie nach langem Hin und Her auch durchgesetzt.

Was stört die Orchestermusiker an dieser Aufstellung?

Die zweiten Geigen haben es leichter, wenn sie neben den ersten Geigen sitzen. Sie verhalten sich gerne wie eine Dame, die sich an ihren Tanzpartner anlehnt und führen lässt. In der deutschen Aufstellung sitzt die letzte zweite Geige vielleicht zwanzig Meter entfernt von der letzten ersten Geige. Sie muss mehr Selbstverantwortung übernehmen. Aber wenn die Geigen nebeneinander sitzen, hört man kein Stereo. Das Dialogische kommt nur heraus, wenn sie räumlich getrennt sind, denn die Klangfarbe ist ja die gleiche. Früher saßen sogar in den Streichquartetten die beiden Geigen einander gegenüber, während sie heute auch da nebeneinander sitzen. Damals saßen die Spieler in einem Quartett von links nach rechts so: erste Geige, Cello, Bratsche, zweite Geige. Das ist das Modell eines größtmöglichen Kontrastes, um das dialogische Prinzip zur Geltung zu bringen. Man sieht mit einem Blick in die Partituren, warum es so sein muss.

Geben Sie mir ein Beispiel?
Überdeutlich ist es im Finale von Tschaikowskys 6. Symphonie, der »Pathétique«. Das Hauptthema des Satzes, diese inständig klagende, absteigende melodische Linie der Geigen ist so gesetzt, dass erste und zweite Geige jeweils abwechselnd einen Ton beisteuern. Tschaikowsky hat auf diese Weise den zerrissenen Ausdruck dieser Klage auskomponiert. Das ist wie ein Weinen, bei dem der Atem stockt. Wenn die Geigen nebeneinander sitzen, ergibt sich einfach nur eine glatte, absteigende Linie und die Idee ist kaputt. Auch Daniel Barenboim hatte als Chefdirigent beim Chicago Symphony Orchestra die deutsche Aufstellung wegen der »Pathétique« eingeführt, und dann ist er dabei geblieben. Inzwischen sitzt das Chicago Symphony Orchestra wieder in der amerikanischen Aufstellung. Man muss ein bisschen stur sein, in San Francisco habe ich lange verhandelt mit dem Orchester, bis die Musiker eingewilligt haben. Mit dem Gewandhausorchester hatte ich darüber schon geredet, bevor ich angefangen habe. Sie waren zunächst sehr dagegen, aber der Vorstand stellte sich dann auf meine Seite und so konnte ich es durchsetzen. Ich war natürlich sehr froh, dass auch mein Nachfolger Riccardo Chailly diese Aufstellung beibehalten hat. Neuerdings steht es in Leipzig sogar in den Verträgen für die Gastdirigenten. Auch die müssen die deutsche Aufstellung akzeptieren.

Die amerikanischen Orchester, die wesentlich jünger sind als die europäischen Traditionsorchester, haben doch Anfang des zwanzigsten Jahrhunderts auch noch in der deutschen Aufstellung gespielt, oder?
Natürlich. Ich sah neulich Fotos vom Boston Symphony Orchestra unter Arthur Nikisch, oder nehmen Sie frühe Interpretationen von Arturo Toscanini: Da haben sie immer die originale Aufstellung. Die Kontrabässe sitzen links neben den ersten Geigen. Das stammt noch aus der Generalbass-Tradition des 17. Jahrhunderts, Oberstimme und Bass wurden dort zusammen notiert, erst dann kamen die Mittelstimmen hinzu. Eine Variante, die ich auch akzeptiere: Die ersten Geigen sitzen links außen, die zweiten Geigen rechts außen, aber Cello und Bässe sind rechts innen platziert und die Bratschen neben den ersten Geigen. Das hat den Vorteil, dass die Bratschen dann zum Publikum gewandt sind. In der normalen deutschen Sitzordnung sitzen sie mit dem Rücken zum Publikum. Ganz wichtig ist natürlich immer, dass erste und zweite Geigen exakt gleich stark besetzt sind.

Wann hat die amerikanische Aufstellung Einzug in den Orchesterbetrieb gehalten?
Leopold Stokowski hat sie in den zwanziger Jahren beim Philadelphia Symphony Orchestra eingeführt, als sie anfingen, für den Rundfunk zu spielen und Schallplatten aufzunehmen. Denn die Mikrophone registrieren hypergenau, wenn die ersten und zweiten Geigen nicht hundertprozentig zusammen sind. Solche minimalen Abweichungen, die sich ergeben können, wenn die Geigen nicht nebeneinander sitzen, hört man im Saal nicht, aber über das Mikrophon kann man sie wahrnehmen. Deshalb setzte man sie einfach nebeneinander, als ob es das Allerwichtigste in der Musik wäre, dass alles exakt zusammen ist. Perfektion ist etwas Erstrebenswertes in künstlerischen Belangen, aber dieses Perfektionsdenken war ein rein äußerliches und eher unkünstlerisches, jedenfalls kein musikalisches. Ist das nicht eine Ironie: Das stereophone Prinzip setzte sich auf eine Weise durch, die sich gegen das in den Werken auskomponierte, genuin

musikalische stereophone Prinzip richtete. Trotzdem hat man sich dafür entschieden, und dann wurde es als große, fortschrittliche Innovation gefeiert. Alle haben die neue Aufstellung schnell übernommen, sie verbreitete sich wie ein Lauffeuer. Und auf diese Weise hat man ein grundlegendes musikalisches Prinzip geopfert, nur um das Zusammenspiel zu erleichtern. Die Perfektion des Zusammenspiels wurde dann wichtiger als die musikalische Aussage.

Dass man die technischen Mittel über den künstlerischen Zweck stellt, scheint mir eine Entwicklung zu sein, die sich in verschiedenen Bereichen fortgesetzt hat. Sie hat im zwanzigsten Jahrhundert dann auch die musikalischen Interpretationen ergriffen, die zum Teil immer glatter wurden.

Ja, dieses *Streamlining* kann man bis heute in verschiedenen Formen beobachten, aber besonders deutlich in der Aufnahmetechnik. Bei CD-Aufnahmen ist es üblich, die dynamischen Spitzen zu stutzen, damit es wohnzimmertauglich wird. Eine Stelle, die im Konzert im Fortissimo gespielt wurde, wird etwas leiser gemacht und umgekehrt hebt man ein Pianissimo etwas an. Tendenziell ist das dann alles am Mezzoforte orientiert. Aus irgendeinem Grund muss das wohl so sein. Da hat man als Dirigent kaum Einspruchsmöglichkeiten.

Die amerikanische Orchesteraufstellung hat in meinen Augen nur Nachteile. Die zweiten Geigen verlieren dadurch an Bedeutung, sie werden wirklich sekundär, zur puren Begleitung heruntergestuft. Das wiederum kann als willkommenes Argument benutzt werden, um an der Orchesterbesetzung zu sparen. Diese ganze Entwicklung wieder rückgängig zu machen, dauert seine Zeit. Dabei ist es heute kein Problem mehr. Die 2. Geigen sind ebenso hervorragende Musiker wie die 1. Geigen. Sie können mit den 1. Geigen perfekt zusammen spielen, auch wenn sie nicht mehr Seite an Seite mit ihnen sitzen. Sie sind selbständig geworden und freuen sich über ihre Emanzipation.

Als Sie das Gewandhausorchester übernahmen, war es Ihren Worten nach nicht in allerbester spieltechnischer Verfassung. Auf welche Weise haben Sie versucht, das Niveau wieder anzuheben?

Viele Musiker waren einfach nicht gut genug. Ich musste genau darauf achten, wer wo spielen darf und wer nicht. Normalerweise machen das die einzelnen Instrumenten-Gruppen jeweils untereinander aus. Und sie tun das mit viel Selbstverantwortung. Da ist es nicht populär, wenn der Chef eingreift. Aber manchmal geht es nicht anders. Man muss das behutsam machen. Da die Gruppen enorm groß waren, hatte man Spielraum, die etwas schwächeren Musiker so einzusetzen, dass es nicht so auffiel. Nach und nach kamen neue Musiker, aber wesentlich hat sich das erst geändert, nachdem ich schon aufgehört hatte. Inzwischen sind die meisten Musiker, die damals im Orchester spielten, schon in Rente gegangen. Nun ist das Orchester mit hervorragenden jungen Leuten besetzt und es herrscht eine wunderbare Stimmung im Orchester. Heute sind die Gewandhausmusiker wieder ganz auf der Höhe, dort, wo sie hingehören. Ich staune immer wieder über den Reichtum ihres Musizierens. Sie sind besser denn je.

Für mich war es damals in Leipzig das Schwierigste, den Leuten wieder eine neue Freiheit des Musizierens zu geben. Sie waren von Kurt Masur gedrillt worden. Sie schätzten sein Temperament natürlich auch und machten mit spätromantischem Repertoire großen Eindruck. Das war Masurs Welt und man lobte den vermeintlich typischen Gewandhausklang, der war dunkel und dick. Das Gegenmittel konnte nur sein, mehr Mozart und mehr Haydn zu spielen. Denn da muss man sehr genau artikulieren und kann sich nicht nur auf Kraft und Wirkung verlassen. Jetzt können die Leipziger mit so viel Feingefühl und Nuancierungskraft spielen. Der Konzertmeister Frank Michael Erben zum Beispiel ist ein phänomenaler Techniker und zugleich ein tiefer Musiker. Er steht für den neuen Orchesterklang, der beides hat: Feingefühl und Virtuosität.

Tatsächlich erinnere ich mich, dass das Orchester, bald nachdem Sie gekommen waren, wie blankgeputzt klang. Sie sprachen eben vom vermeintlich typischen Gewandhausklang. Wie ist das denn in Ihren Augen mit dem viel beschworenen »deutschen Klang«? Gibt es den überhaupt oder ist er ein Mythos?
Das ist ein Sammelbegriff. Der deutsche Klang ist, was wir mit Wilhelm Furtwängler, Arthur Nikisch, Fritz Busch und Erich Kleiber assoziieren. Die Frage nach dem Klang hängt eng mit dem Konzept der Tempi zusammen. In Dresden ist die von Wagner kommende Tradition sehr gepflegt worden, auf die sich auch Furtwängler später berufen hat. Sie steht im Kontrast zur Leipziger Tradition, die sich aus Felix Mendelssohns Einfluss heraus gebildet hat. Mendelssohn bevorzugte ganz andere Tempi als Wagner. Er hielt sich eher an die Originaltempi. Für Wagner war der Klang das Wesentliche. Er vertrat die Auffassung, wenn man mehr Zeit brauche, um eine bestimmte Klangvorstellung zu erzeugen, dann müsse man sich diese Zeit eben nehmen. Was der Komponist gesagt hat, ist aus dieser Perspektive nicht ganz so wichtig. Das sind zwei verschiedene Ideale. Mendelssohn bevorzugte rasche, flexible Tempi. Wagner dagegen sagte, ein Beethoven-Adagio könne gar nicht langsam genug gespielt werden. Auch dabei kann etwas sehr Schönes herauskommen, aber ich kann das trotzdem nicht mitmachen. Für mich steht der Komponist immer über der Interpretation.

Die beiden konkurrierenden ästhetischen Positionen haben bis heute eine große Wirksamkeit bis in die jüngste Dirigentengeneration hinein. Was stört Sie an der von Wagner kommenden und von Furtwängler fortgeführten Tradition, die den Klang über alles stellt?
Furtwängler sagt, der Klang bestimmt das Tempo. Ich kann ihn verstehen und handle manchmal selber auch danach. Man kann zum Beispiel einen Übergang von einem Formabschnitt zum nächsten markieren, indem man ein großes Ritardando macht, ob es nun in der Partitur steht oder nicht. Es geht aber auch anders. Man kann das Tempo halten und ein großes Diminu-

endo machen. Hier muss das Gewissen des Musikers entscheiden. Wenn man natürlich das Studium der Aufführungspraxis verachtet, erlaubt man sich einen sehr freien Umgang mit den Tempi. Ich bin da anders. Dafür bin ich eben von Anbeginn zu sehr auch Musikwissenschaftler gewesen. Ich habe zu viel Respekt vor dem Text der Partitur. Manchmal haben sich daraus für mich auch schwierige Gewissensfragen ergeben. Zum Beispiel habe ich Eugen Jochum immer sehr bewundert, als Mensch und ganz besonders als Bruckner-Interpret. Dann merkte ich, dass er gar nicht besonders texttreu ist. Das kommt einfach daher, dass er die neuen Ausgaben der Bruckner-Symphonien noch nicht kannte. Er hatte bis 1935 nur die Ausgaben von Ferdinand Löwe und von Franz und Joseph Schalk, die viele verfälschende Zusätze haben. Natürlich müssen die Tempi flexibel sein, wenn es um romantische Musik geht. Trotzdem darf man nicht willkürlich von den angegebenen Tempi abweichen. Wenn es bei Bruckner ›Ruhiger‹ heisst, darf man nicht schneller werden.

Stehen der Musik also Wahrheit und Schönheit zueinander in einem ewigen Konflikt?
Wenn man die Ambition hat, die Musik so darzustellen, wie der Komponist sie empfunden hat, dann hat man eine Verpflichtung. Furtwängler hat manchmal bei Beethoven glatt das halbe Tempo genommen von dem, das in der Partitur steht. Das klang manchmal fantastisch, aber man darf das nicht. Wenn man das Tempo auf diese drastische Weise verändert, dann hat das weitreichende Konsequenzen für den gesamten Ausdruckscharakter des Stückes. Denn beim Tempo geht es nicht nur um schnell oder langsam. Am Tempo hängen viele weitere Fragen, zum Beispiel die des Bogenstrichs. Davon, welchen Bogenstrich man wählt, hängt dann wiederum unmittelbar die Artikulation einer Phrase ab, und diese formt den musikalischen Charakter.

Würden Sie sich als Dirigent eindeutig in der Mendelssohn-Tradition verstehen?
Ja, natürlich. In Dresden bin ich zwar mit der Wagner-Tradition aufgewachsen, aber das habe ich später *ad acta* gelegt. Seit die

neuen Ausgaben gekommen sind mit den kritischen Berichten, in denen man alles nachlesen kann, was hinter einer editorischen Entscheidung steht, kann man nicht mehr so ahnungslos spielen wie vorher.

Wir haben über die Differenzen zwischen den beiden Traditionsorchestern in Leipzig und Dresden gesprochen. Gibt es auch etwas, das sie verbindet?

Vor allem auch das Publikum in Leipzig und Dresden ist einander ziemlich ähnlich. Es ist ein fabelhaftes Publikum, das sehr diszipliniert ist, sehr gut zuhört, sehr still ist. Zu DDR-Zeiten war es noch konzentrierter, was man daran merkte, dass nach dem Ende eines Stückes der Applaus nicht sofort einsetzte. Erst einmal herrschte Stille. Das war auch bei Stücken so, die sehr brillant in einer rauschenden Stretta enden. Man hatte das Gefühl, die Musik schwinge in den Zuhörern noch nach, und der Eindruck sollte nicht durch so vulgäre Äußerungen wie einen Applaus zerstört werden. Das stimuliert natürlich die Spieler enorm. Und dann hören sie nicht auf zu klatschen. Das ist in Amerika ganz anders. Dort ist der Applaus ruckzuck vorbei, und alle eilen zur Garage. In Dresden und Leipzig nimmt man sich mehr Zeit dafür. Das erlebe ich heute fast nie in anderen Städten, aber immer noch in Dresden. Es hat etwas von der Atmosphäre einer Andacht: Jetzt hat Brahms gesprochen, und vielleicht hat sogar Gott etwas gesagt, da muss ich zuhören. Ich spinne vielleicht, aber etwas Ähnliches ist es. Ich muss dabei an die Geschichte des Propheten Elija denken, der in der Wüste aus seiner Höhle trat, um auf dem Berg Horeb vor den Herrn zu treten. Der Sturm rauschte vorbei, und Gott war nicht im Sturm, dann kam ein Erdbeben, dann ein Feuer. Gott war nicht in ihnen. Schließlich hörte Elija ein ganz zartes, leises Flüstern, und er hüllte sich in seinen Mantel und wusste: In diesem Flüstern steckte Gott. Das ist ein schönes Bild. Man muss still sein, um Gott hören zu können. So empfinde ich auch die Stille im Publikum in Dresden und Leipzig: als ob sie noch einmal nachhorchen würden. Wenn man gleich klatscht, gibt man doch oft nur dem Enthusiasmus nach, so authentisch er vielleicht sein mag. In der Stille, denke ich immer, fängt die Musik im Publikum an Wurzeln zu schlagen.

Das ist ähnlich wie beim Träumen. Wenn man nach dem Aufwachen einen Traum festhalten will, muss man noch eine Weile im Halbschlaf bleiben und sich still verhalten. Wenn man gleich das Radio anmacht oder selber anfängt zu reden, zerrinnen die Traumbilder und man kann sie nicht mehr greifen.

Es ist uns Musikern auf der Bühne nicht egal, was hinter uns passiert. Man registriert das Publikum immer im Saal, obwohl man als Dirigent mit dem Rücken zu ihm steht. Es ist eigentlich erstaunlich, dass man das noch registrieren kann, obwohl man doch auf so vieles anderes achten muss während des Konzerts.

Und macht es tatsächlich einen Unterschied, ob es still ist, weil das Publikum sich auf die Musik konzentriert, oder ob es abschaltet und innerlich die Einkaufslisten für den nächsten Tag durchgeht?

Oder ob es nur die Musiker begafft und bewundert? Oh ja, es gibt sehr verschiedene Arten von Stille. Kennen Sie diese Geschichte von Fritz Kreisler, oder war es Yehudi Menuhin? Aber das ist auch egal. Er läuft auf der Straße und kommt an ein Fischgeschäft. Im Schaufenster liegen die toten Fische Seite an Seite mit offenen Mündern. »Ach«, fällt ihm da ein, »ich habe ja heute Abend ein Konzert«.

»ICH BIN ES
VON KINDHEIT
AN GEWOHNT,
IMMER
EIN BISSCHEN
ANDERS ZU SEIN«

UNTERWEGS IN VÄRMLAND:
Kindheit, die Familie, frühe Musikbegeisterung

Herbert Blomstedt verbringt einige Sommerwochen in Schweden und freut sich auf Nostalgie-Ausflüge ins ländliche Värmland, im Westen Schwedens, wo er als Kind mit der ganzen Familie die Ferien bei den Großeltern verbrachte. Wir fahren mit dem Wagen eines Verwandten. Auf den Autofahrten gibt es viel Zeit für Gespräche. Blomstedt liebt diese Landschaft, die aus endlosen Wäldern und Seen besteht und in allen erdenklichen Varianten der Farbe Grün erstrahlt. Es ist eine Landschaft für Poeten. Er warnt mich, dass man beim Fahren aufpassen müsse, nicht mit einem Elch zu kollidieren. Die riesigen Tiere, die sich schnell, aber lautlos im Wald bewegen, sind ihm sympathisch – nicht zuletzt, weil sie Vegetarier sind, wie er. Tatsächlich begegnen wir auf unserer Fahrt einem Elch, der staunend und wie versteinert am Straßenrand steht.

Sie sind 1927 in Springfield, Massachusetts geboren worden. Als Kind von schwedischen Eltern erhielt Sie neben der amerikanischen auch die schwedische Staatsbürgerschaft. Wie kam es, dass Ihre Eltern in Amerika lebten?
Die zweite Hälfte des 19. Jahrhunderts war die Zeit der europäischen Massenauswanderungen in die USA. Die Menschen hofften, in der Neuen Welt ihre wirtschaftliche Lage zu verbessern. In Schweden hatte es zwar nicht wie in Irland eine dramatische Hungersnot gegeben, aber doch ein paar schwere Missernten in den 1860er-Jahren, unter denen vor allem die Bauern sehr litten. Die Eltern meiner Mutter waren aus dem ländlichen Värmland nach Amerika emigriert, wo sie sich in der Nähe von Denver, Colorado, als Farmer niederließen. Dort wurde 1899 meine Mutter Alida Thorson geboren. Mein Vater Adolf Blomstedt war ein Jahr vorher in Schweden geboren worden. Schon als Dreizehnjähriger hatte er beide Eltern durch schwere Krankheiten verloren. Er kam als Waisenjunge im Alter von 14 Jahren nach Amerika, wo ein bereits emigrierter Onkel von ihm für seine Ausbildung aufkam. Als ich geboren wurde, war mein Vater Pastor in der Freikirche der Siebenten-Tag-Adventisten.

Wie haben Ihre Eltern sich in den USA kennengelernt?
Meine Mutter war Konzertpianistin. Sie studierte damals in Chicago und wohnte in einem in der Nähe gelegenen adventistischen College, auf dem nur skandinavische Schüler waren. An dieses College kam auch mein Vater und so lernten sie sich kennen. Mein Vater besaß eine sehr schöne Tenorstimme und sang sehr gerne. Da war meine Mutter natürlich eine ideale Begleiterin. Das war wohl der Anfang. Sie heirateten und bekamen noch in Neu England zwei Söhne: 1924 wurde mein Bruder Norman geboren, drei Jahre später kam ich. Aber ich habe keine Erinnerungen mehr an Amerika, denn ich war erst zwei Jahre alt, als mein Vater von der adventistischen Gemeinde zurück nach Schweden beordert wurde. Wir zogen nach Nyhyttan. Dort gab es eine adventistische Missionsschule, an der mein Vater die zukünftigen Pastoren ausbildete. Bald ging es von dort aus nach Finnland, in die Nähe von Helsinki, wo mein Vater die Leitung

einer Gemeinde übernahm. Dort bin ich eingeschult worden und wir lebten insgesamt fünf Jahre in Finnland, an die ich mich gut erinnere. Die erste Klasse ließ man mich überspringen, weil ich schon lesen konnte. Die Lehrer fürchteten, dass es sonst zu langweilig für mich würde. Ich war also ein Jahr jünger als die anderen und außerdem wohl ein ziemlich dünner Junge. Ich habe noch einen Zettel von der jährlichen Untersuchung des Schularztes, auf dem steht, ich solle mehr essen und gelegentlich ein Glas Sahne trinken.

Es war eine nicht ganz einfache Zeit. In den dreißiger Jahren waren die Schweden nicht besonders beliebt bei den Finnen. Finnland war über 600 Jahre lang eine Provinz des schwedischen Königreichs gewesen. Von 1809 an wurde es russische Provinz. Erst 1917 erlangte Finnland die Unabhängigkeit. Wir waren 1932 in die Nähe von Helsinki gezogen, also gar nicht so viel später. Die ganze Kultur war noch auf schwedischer Führung aufgebaut, die Bevölkerung sprach Schwedisch, auch der finnische Nationalkomponist Jean Sibelius hatte nur Schwedisch gesprochen. In der Schule mussten wir natürlich Finnisch lernen, aber ich machte das nicht gerne. Ich hatte Angst vor den finnischen Kindern. Meine Sprache verriet mich, denn sie sprachen Schwedisch mit finnischem Akzent, während ich Schwedisch ohne Akzent sprach. Ich konnte mich also nicht verbergen. Ich wurde nicht wirklich akzeptiert, das ging allen schwedischen Kindern so. Und manchmal wurden wir auch bedroht. Die finnischen Jungs hatten Messer und verfolgten einen auf dem Heimweg. Ich versteckte mich in den Hauseingängen vor ihnen. Meine Außenseitersituation wurde noch erschwert dadurch, dass ich am Sabbat nicht zur Schule ging.

Die Adventisten feiern nicht wie die meisten Christen den Sonntag, sondern sie halten den biblischen 7. Tag, das heißt, den modernen Samstag, als Sabbat heilig. Wie im Judentum beginnt der Sabbat am Freitagabend und endet am Samstagabend. Jede Form von Arbeit ist den gläubigen Adventisten am Sabbat verboten. Herbert Blomstedt hat in seiner gesamten Laufbahn nie an einem Samstag eine Arbeitsprobe geleitet.

Während der Gespräche, die wir an Samstagen führen, bleibt mein Aufnahmegerät ausgeschaltet. Konzerte an einem Freitagabend oder an Samstagen fallen für Herbert Blomstedt dagegen nicht in die Kategorie Arbeit. Er hat relativ früh in seiner Laufbahn vielmehr für sich entschieden, Sie im weitesten Sinne als Gottesdienst zu betrachten.

Mein Vater hatte beantragt, dass ich am Sabbat von der Schule befreit wurde. Den Stoff musste ich natürlich nachholen. Als ich älter wurde, musste ich die Befreiung vom Unterricht selber beantragen. Da wohnten wir schon im schwedischen Göteborg, wo wir ein sehr gutes Realgymnasium hatten. Sie waren dort sehr großzügig. Zum Beispiel fiel eine der Abiturprüfungen auf einen Sabbat. Es gab noch einen zweiten Adventisten in meinem Jahrgang und so wurde für uns beide genehmigt, dass wir die Prüfung am Abend nachholen konnten, als der Sabbat beendet war. Bis dahin wurden wir von einem Lehrer bewacht, das war ein sehr netter, musikalischer Englischlehrer. Was ich mit diesen ganzen Erzählungen verdeutlichen möchte, ist, dass ich es von früher Kindheit an gewohnt bin, immer ein bisschen anders zu sein. Wenn man daran gewöhnt ist, leidet man nicht darunter. Es ist im Gegenteil ja sogar gut, dass man früh lernt, seinen eigenen Überzeugungen nachzugehen, unabhängig davon, was die anderen denken.

Das von Ihnen beschriebene Alleinsein, das Gefühl, fremd zu sein, welche Auswirkung hatte das auf Ihre spätere künstlerische Arbeit?

Ich denke, daran bin ich gewachsen. Wenn man nur als angepasster Mitläufer lebt, entwickelt man kein eigenes Profil. Es gibt eine wunderbare Maxime von Leonardo da Vinci: »Was keine Grenzen hat, hat auch keine Form«. Das ist eine einfache, aber treffende Wahrheit. Es liegt nichts Falsches darin, eine Begrenzung zu habe. Auch in Alan Sillitoes Novelle »Die Einsamkeit des Langstreckenläufers« habe ich interessante Parallelen zum Künstlertum entdeckt, besonders zu einem Typen wie mich, der kein Sprinter ist, sondern sich eher auf lange Sicht hin entwickelt. In dieser Entwicklung ist man manchmal sehr einsam, aber das ist gut so. Man kommt besser zum Denken, wenn man nicht unentwegt vorwärts rasen muss. In der Schule allerdings war ich ein Sprinter – übrigens auch im wörtlichen Sinne: Ich war sehr sportlich und immer Nummer Eins in den leichtathletischen Disziplinen. Das habe ich sicher von meinem Vater geerbt. Der hatte früher die Mädchen damit beeindruckt, dass er auf seinen Händen um einen ganzen Häuserblock laufen konnte.

Weil meine beiden Eltern arbeiteten, waren wir Kinder oft alleine am Abend und brauchten ein Kindermädchen. Wir hatten ein Schwedisch sprechendes finnisches Kindermädchen, die mit uns lustige Spiele machte. Ein Spiel hieß »Bobrikovs Klavierfabrik«. Unsere Rippen waren dabei die Klaviertasten, die gestimmt werden mussten. Dafür piekste sie uns mit einer Haarnadel zwischen den Rippen. Nikolai Bobrikov war ein schlimmer russischer Gouverneur in Finnland gewesen und ich hatte damals keine Ahnung, warum sie ein fröhliches Kinderspiel nach ihm benannt hat.

Apropos Klaviertasten: Ihre Mutter war Pianistin. Hat Sie Ihnen die ersten Klavierstunden gegeben?

Ich hatte mit sechs Jahren meinen ersten Klavierunterricht in der Sibelius Akademie bei einer Lehrerin, die auch eine Gemeindekollegin meiner Mutter war. Sie hieß Aina Holm und war eine feine alte Dame. Ich mochte sie sehr. Aber ich liebte den Klavierunterricht nicht besonders. Er war mit peinlichen Situationen verknüpft. Zum Bespiel musste ich die Noten auf dem Weg dorthin in einer alten Aktentasche meines Vater tragen, und ich hatte Angst, von meinen Schulkameraden dafür ausgelacht zu werden. Überhaupt habe ich mich mehr fürs Fußballspielen und Schlittschuhlaufen interessiert.

Natürlich habe ich es geliebt, wenn ich meine Mutter Klavier spielen hörte. Die Erinnerungen an ihr Spiel sind bis heute ganz frisch. Ich kann sie noch hören, wie sie aus den Fantasiestücken op. 12 von Robert Schumann das Stück »Aufschwung« spielt oder das Regentropfen-Prélude von Chopin. Die Atmosphäre war dann irgendwie überirdisch. Meine Mutter spielte auch immer vor den Vorträgen, die mein Vater in der Sibelius Akademie hielt, ein paar Chopin-Préludes oder Ähnliches. Mein Vater leitete nicht nur die Gottesdienste in seiner Gemeinde, sondern gab auch öffentliche Vorträge über verschiedene Themen. In der Zeitung wurden sie immer angekündigt mit dem Zusatz »Adolf Blomstedt aus den USA«. Einige Male durften Norman und ich mitkommen. Bei einer dieser Gelegenheiten durfte ich neben einem Mädchen sitzen, in das ich sehr verliebt war. Hellin nahm sogar meine Hand. Ich war im Himmel. Damals konnte meine Mutter noch recht gut spielen. Später wurde es für sie immer schmerzhafter.

Alida Blomstedt war eine in Amerika und Wien ausgebildete Konzertpianistin. Tragischer Weise litt sie aber schon früh an einer rheumatoiden Arthritis, weshalb sie ihren Beruf von Anfang an nur eingeschränkt ausüben konnte. Das Rheuma verschlimmerte sich von Jahr zu Jahr.

Ihre Mutter hat in Wien bei dem legendären Moritz Rosenthal studiert, der in der direkten Tradition von Frédéric Chopin stand. Chopins Schüler Karol Mikuli war Rosenthals Lehrer gewesen. Rosenthal war also Chopins Enkelschüler.
Ja, meine Mutter war bei Moritz Rosenthal in Wien, wohin auch wir Kinder einmal mitreisen durften. Ich glaube allerdings, dass sie hauptsächlich bei seiner Frau Hedwig Kanner-Rosenthal studiert hat, die eine Art Assistentin ihres Ehemanns war.

Auch sie muss eine herausragende Lehrerin gewesen sein, denn sie hatte bekannte Schüler. Der Pianist und Autor Charles Rosen hat beispielsweise auch bei Hedwig Kanner-Rosenthal studiert. Ihre Mutter stand also in einer edlen Klaviertradition. Wieso sind Sie dann vom Klavier zur Geige gewechselt?
Mich hat das Klavier nicht besonders interessiert, deshalb ließ mich meine Mutter Geige lernen. Wir wohnten inzwischen wieder in Schweden, in Jönköping. Mein Bruder Norman bekam

Cello-Unterricht und ich lernte Geige. Es dauerte eine Weile, bis ich in Jönköping endlich einen guten Lehrer fand. Dann zogen wir nach Göteborg und dort bekam ich einen superben Geigenlehrer. Er war 3. Konzertmeister bei den Göteborger Symphonikern und hieß Lars Fermaeus. Er war ein musikbesessener Enthusiast. Der Funke sprang auf mich über. Von da an ging es richtig los. Mein Bruder und ich gründeten mit Freunden aus der Musikschule ein Quartett, mit dem wir uns durch die halbe Musikliteratur spielten. Wir nannten uns das »Schlachterquartett«, weil wir ein Quartett nach dem anderen schlachteten. Unser Musikhunger war unstillbar. Auch bei Lars Fermaeus wurde jede Geigenstunde mit Kammermusik abgeschlossen. Dafür rief er immer schnell ein paar andere Schüler hinein und wir spielten irgendein kammermusikalisches Werk vom Blatt. Man musste sehr schnell lesen und spielen. Einmal spielten wir ein Quartett von Carl Nielsen und es gab keinen Bratscher. Da sollte ich spontan die Bratsche spielen. Es war ein bisschen kompliziert, auch wegen des für mich ungewohnten Bratschenschlüssels, aber es ging. Das Kammermusikspiel war eine unglaubliche Schulung. Vor etwa zwanzig Jahren kam einmal eine alte Dame aus Schweden nach San Francisco und wollte mich sprechen. Es stellte sich heraus, dass sie die Nichte von Lars Fermaeus war. Sie hat mir die goldenen Manschettenknöpfe von Fermaeus geschenkt: sehr edle Knöpfe mit seinen eingravierten Initialen. Die werde ich bei meinem nächsten Konzert mit den Göteborger Symphonikern tragen.

Wir fahren in das kleine Dorf Kortlanda in West-Värmland, wo Herbert Blomstedt die Sommerferien bei seinen Großeltern mütterlicherseits verbrachte. Die Eltern von Alida Blomstedt hatten ihr Haus in Colorado verkauft und waren nach Schweden zurückgekommen, um wieder in der Nähe ihrer Tochter zu sein. Das kleine Haus, das sie sich bei Kortlanda mitten im Wald gebaut hatten, nannten sie »Lyckan« – Glück. Es steht noch, ist aber sehr verwittert und zugewachsen. Herbert Blomstedt erinnert sich gerne an die Sommer in »Lyckan«.

Meine Großmutter war eine sehr jugendliche, temperamentvolle Frau mit einem Hang zur Dramatik. Sie erzählte Schauergeschichten vom Teufel. Sie glaubte, dass der Teufel durch geschlossene Türen gehen konnte und meinte sogar, Beweise dafür zu haben, dass er sie einmal angefasst habe. Die Großeltern besaßen ein Grammophon, was zu dieser Zeit außergewöhnlich war. Mein Großvater spielte sehr gut auf seiner zehnsaitigen Gitarre. Sein Vater war ein ausgezeichneter Spielmann gewesen, der auf Hochzeiten und Volksfesten die Fidel spielte. Meine Großmutter drängte mich immer, auf der Geige ihr Stück zu spielen. Das war die »Sicilienne« von Maria Theresia Paradis. Bei dem Stück war sie im Himmel. Manchmal wurde mir das zu viel, vor allem, weil sie mit mir ein bisschen prahlen wollte, wenn Besuch da war. Ich war als Kind leicht unausgewogen und wurde schnell zornig, das änderte sich erst später. Manchmal habe ich vor Zorn meine Geige fast kaputt gemacht, weil ich nicht vorspielen wollte. Ich bin da bis heute sehr empfindlich, jede Form von Prahlerei finde ich abscheulich. Andererseits spielte ich natürlich sehr gerne und konnte gar nicht genug davon bekommen.

Die Värmländer sind gut balancierte, fröhliche Menschen. Viele Künstler stammen aus dieser Region. Die Schriftstellerin Selma Lagerlöf kam aus Värmland. Sie war die erste weibliche Literaturnobelpreisträgerin. Der beste Dichter Schwedens, Gustav Fröding, kam aus Karlstad, der Hauptstadt von Värmland. Er hatte die gleichen Jahresdaten wie Gustav Mahler, 1860 bis 1911. Die Musikalität seiner Verse ist nicht zu überbieten und die Gedichte wurden daher von vielen skandinavischen Komponisten vertont. Er hatte einen volkstümlichen, manchmal derben Humor. Fröding wurde dann schizophren und verbrachte viel Zeit in Nervenheilanstalten.

Wir machen Halt in der Kirchengemeinde Eda, wo ein entfernter Verwandter von Herbert Blomstedt Pfarrer war. Damals fing Herbert Blomstedt an, sich leidenschaftlich für die Orgel zu interessieren und wollte überall, wo er hinkam, die Orgel ausprobieren. In Eda besichtigen wir auch die Kirche, in der Herbert Blomstedt einmal so viele Stunden lang Orgel spielte, bis der Pfarrer wutentbrannt zu ihm stürmte und ihn fragte, ob er denn die Kirche abfackeln wolle. Bei den alten Orgeln besteht die Gefahr, dass der Motor heiß läuft. Das hätte in der Kirche in Eda gefährlich werden können, da sie eine der typischen schwedischen Holzkirchen ist. Auf dem Rückweg unseres Ausflugs besuchen wir verschiedene Verwandte von Herbert Blomstedt, darunter die Schwiegertochter des Pfarrers aus Eda, eine Cousine 2. Grades. Um die hundert Verwandte sollen noch in Värmland leben, aber die wenigsten davon kennt Blomstedt. In Nyhyttan, wo sein Vater an der Missionsschule gearbeitet hatte, wohnt heute eine Tochter seines Bruders mit ihrem Mann, einem Herzspezialisten. Sie ist eine hochempfindsame und ungewöhnlich aufmerksame Frau. Beide freuen sich sehr über den spontanen Besuch.

War Ihr Vater auch ein musikalischer Mensch?
Mein Vater war zwar musikalisch, aber hat es nicht betrieben. Er spielte nur Lieder für seine Gottesdienste. Am Freitagabend zu Sabbatanfang hat er gerne am Klavier gesessen und sich selbst beim Singen begleitet, das konnte er schon. Aber er war überhaupt kein Konzertgänger. Das Konzerthaus war für ihn bereits ein allzu weltliches Grenzgebiet. Er hatte, wie viele seiner Generation, eine sehr einseitige Einstellung zur Welt. Die Botschaften, die man aus den Evangelien herauslesen kann, sind ja sehr zwiespältig. Einerseits warnt Jesus die Jünger vor der Welt, die böse und gefährlich sei. Andererseits fordert er sie dazu auf, hinauszugehen und die Welt zu verändern. Mein Vater wollte seine Söhne vor der Welt bewahren.

Das klingt sehr streng.
Streng war er, aber ich habe nicht darunter gelitten. Meine elf Jahre jüngere Schwester war als Mädchen natürlich noch mehr umgürtet von seiner Erziehung und sie hat sehr wohl darunter gelitten. Mich hat mein Vater zum Beispiel nie daran gehindert, ins Konzert zu gehen, was ich umso leidenschaftlicher tat, je älter ich wurde. Aber wenn ich ihm vorschlug mitzukommen,

winkte er immer ab. Nach meiner Erinnerung ist es mir nur einmal gelungen, ihn dazu zu überreden mitzukommen. Das war in Stockholm.

Aber was hätte so schlimm sein können an einem Konzertbesuch?

Das Konzert war für ihn keine Sünde, aber Zeitverschwendung war für ihn Sünde. Und sein Verantwortungsbewusstsein sagte ihm, er habe keine Zeit für Konzertbesuche. Er hätte das Gefühl gehabt, seine Mission zu vernachlässigen. Er war ein enormer Pflichtmensch. Ich habe ihn auch sehr bewundert für seine Konsequenz. Er hat nie seinen persönlichen Neigungen nachgegeben. Seine Neigungen beschränkten sich darauf, seine Aufgabe zu erfüllen. Er hatte etwa ein Dutzend bis zwanzig Prediger unter seiner Führung und er hat die jungen Prediger sehr hart kritisiert, wenn sie Privates vor den Dienst gestellt haben. Auch Geldverschwendung galt als Sünde. Natürlich hatte mein Vater kein Auto. Und wenn seine Jungprediger sich ein Auto gekauft haben, bekamen sie seinen Zeigefinger zu sehen. »Das ist Gottes Geld«, sagte er dann. Man könne ebenso gut mit dem Rad fahren oder mit dem Zug. Später, als er pensioniert war, hat mein Bruder ihm ein Auto geschenkt. Norman war nach seinem Medizinexamen nach Amerika gegangen, und da herrschten natürlich andere Verhältnisse. Das hat mein Vater dann schon genossen. Ich selbst habe damals das Auto aus den Werken in Detroit geholt und nach Schweden überführt.

Es klingt, als hätten Sie von beiden Eltern etwas sehr Prägendes mitbekommen: von der Mutter die große Musikalität und die künstlerische Fantasie, vom Vater das ethische Verantwortungsgefühl und die methodische Lebensweise.

Ich habe meinen Eltern nur zu danken für meine Erziehung. Aber in gewisser Hinsicht war diese Erziehung natürlich auch eine Begrenzung. So gab es zum Beispiel überhaupt kein Interesse für Kunst in unserem Haus. Erstens galt Kunst als Luxus und wir hatten kein Geld für Luxus. Und dann sollten die Söhne natürlich vor dem Anblick nackter Frauen bewahrt werden, die auf den Bildern möglicherweise zu sehen waren (*er lacht*). Das ist ein bisschen übertrieben, aber so etwas lag in der Luft. Kunst war tendenziell etwas Gefährliches, etwas Weltliches.

Das klingt ja fast, als habe es ein Bilderverbot in ihrer adventistischen Erziehung gegeben.

Bei uns zuhause hing religiöser Kitsch an den Wänden, Motive wie der leidende Messias und Ähnliches. Davon ging weder ein guter noch ein schlechter Eindruck aus. Das war einfach nur nichtssagend. Dabei hätte es doch auch so viele wunderbare christliche Kunstwerke gegeben. Diese Lücke habe ich später versucht, durch Selbststudium zu füllen. Aber zum Glück gibt es ja Bücher. Aber andere Lücken habe ich nicht füllen können, weil sie mir nicht so wichtig erschienen, oder weil ich sie einfach nicht bemerkt habe.

Von welchen Lücken sprechen Sie?

In San Francisco gab es eine reiche Mäzenin, die eine Spenderin für den Bau des neuen Konzertsaals war. Bei einem Anlass wollte sie mit mir tanzen. Da musste ich ihr antworten, dass ich nicht tanzen könne. Sie meinte, da habe in meiner Erziehung offenbar etwas gefehlt. Aber vor allem hatte ich wohl in meinem sozialen Verhalten einiges nachzuholen. Als ich später zum Studium in Amerika war, gab es dort eine wunderbare Gönnerin, die viel für die Studenten tat. Als ich wegging, hatte sie einen Dankesbrief oder eine ähnliche Geste von mir erwartet. Sie schrieb mir einen Brief, der mich hart traf. Darin stand: »Wir alle wissen, dass du uns in musikalischer Hinsicht weit voraus bist, aber in sozialer Hinsicht bist du weit zurück.« Das war mir eine Lehre. Ich war so in mein Lernen vertieft gewesen, dass ich diese Förderung als selbstverständlich empfunden habe und gar nicht gemerkt habe, wie sehr ich sie gekränkt hatte.

Mein Bruder hat mir sehr geholfen in diesen menschlichen Dingen, ohne mich zu schurigeln. Er war ein Vorbild für mich. Er war sehr ausgeglichen und hoch musikalisch, ein sehr nobler Mensch. Er spielte wunderbar Cello. Ich bin immer noch traurig darüber, dass er 2005 gestorben ist. Heute bin ich viel sozialer und ich interessiere mich leidenschaftlich für die Menschen. Es ist doch ein Wunder, wie verschieden sie alle sind. Ich habe viel von den Amerikanern gelernt, die ja viel leichter miteinander umgehen, als es in Europa der Fall ist. Hier empfinden viele den amerikanischen Umgang als oberflächlich. Gerade für die Schweden ist eine Freundschaft etwas Besonderes, das nur im Glücksfall passiert und dann wie ein Segen empfunden wird. In Amerika sind zunächst einmal alle miteinander befreundet, bis jemand zeigt, dass er es nicht wert ist. In Schweden ist man zunächst reserviert, bis jemand beweist, dass er ein Freund sein kann.

Ich hatte noch eine andere harte Lernerfahrung. Als junger Dirigent war ich eine Zeit lang quasi der Hausdirigent bei den Stockholmer Philharmonikern. Dort probte ich einmal die 4. Symphonie von Peter Tschaikowsky und ich hatte eine Aufnahme mit Mrawinsky im Ohr, der das Stück in einem irrsinnigen Tempo spielen ließ. So wollte ich das auch machen, aber dem Orchester gefiel das nicht. Da tat ich etwas Unanständiges. Ich sagte, ich hätte diese Symphonie bereits mit anderen, nicht so bedeutenden Orchestern gespielt, und da sei das Tempo kein Problem gewesen. Der Bratschen-Konzertmeister antwortete mir daraufhin trocken: »Und ich sage dir: Wir haben dieses Stück schon mit viel besseren Dirigenten als dir gespielt.« Durch solche Erfahrungen lernt man.

Die Familie Blomstedt um 1945 in Göteborg: Norman (Bruder), Alida (Mutter), Marita (Schwester), Adolf (Vater), Herbert

Norman und Herbert Blomstedt, Nyhyttan, um 1931

Als Abiturient, 1945

1958 in Norrköping: Waltraud und Herbert Blomstedt mit ihrer ältesten Tochter Cecilia

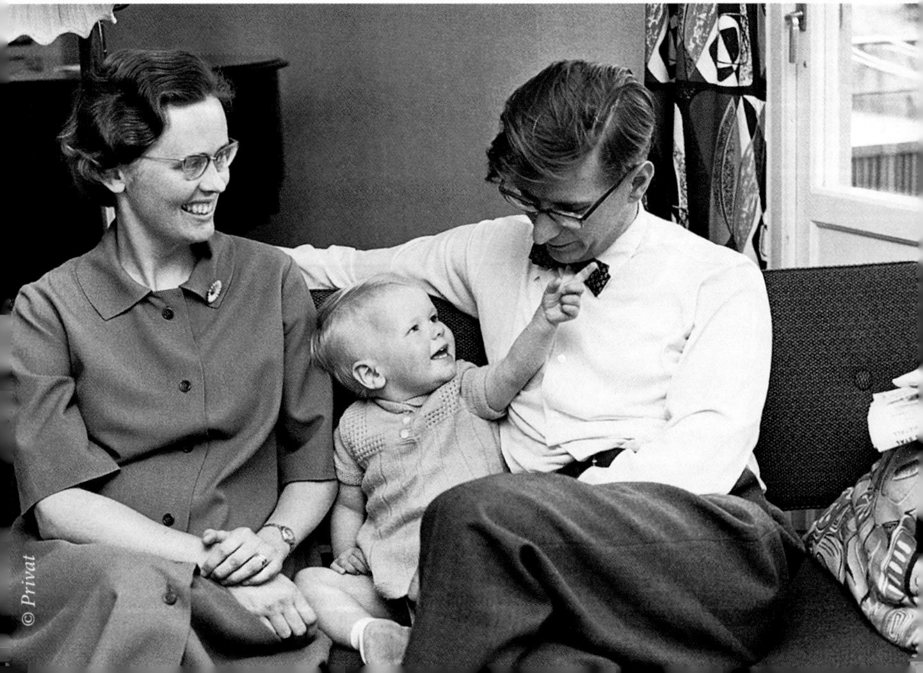

© Privat

Herbert Blomstedt, Tanglewood, 1953

Um 1972 in Dresden: Herbert Blomstedt mit Wolfgang Schneiderhan

© Wolfgang Wahrig

August 1989 in Bengtstorp: Herbert Blomstedt beim Blaubeer-Putzen mit dem Intendanten des San Francisco Symphony Orchestra

© Privat

Erster Ballwurf beim »Giants Game«

© Larry Merkle

1985 vor der Dresdner Hofkirche: Herbert Blomstedt mit der Klarinettistin Sabine Meyer

1974 in Tokio: Herbert Blomstedt mit Kurt und Barbara Sanderling

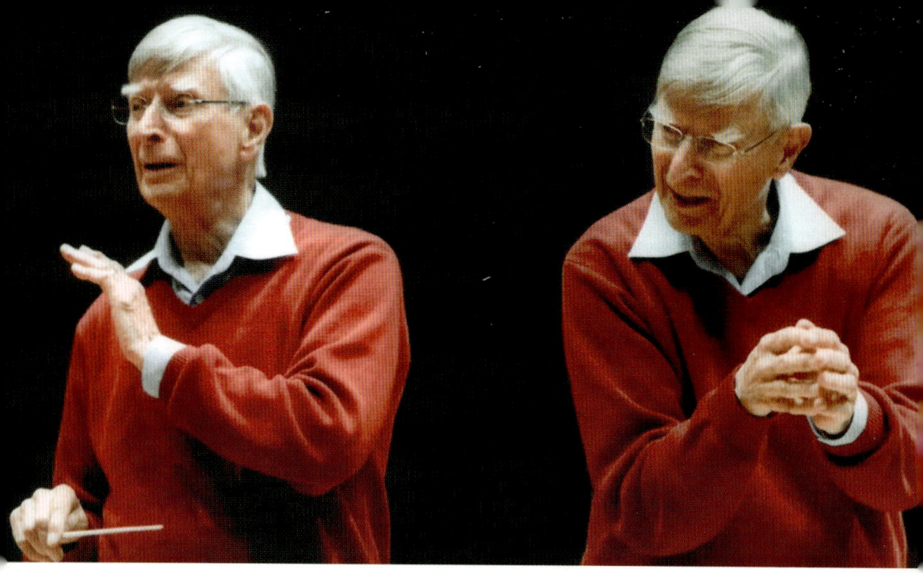

8. Juni 2014 in der Berliner Philharmonie: Herbert Blomstedt während einer Probe

© Wolfgang Wahrig

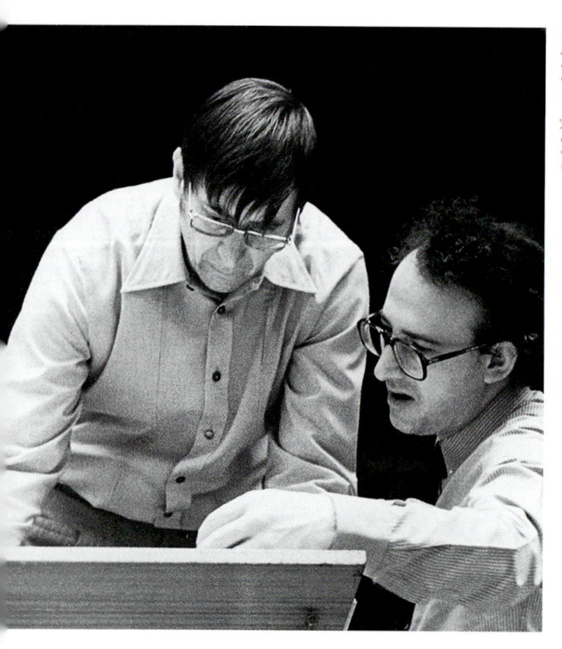

Herbert Blomstedt mit dem Pianisten Maurizio Pollini und der Dresdner Staatskapelle

1974 in Dresden: Herbert Blomstedt mit dem Pianisten Emil Gilels

© Gert Mothes

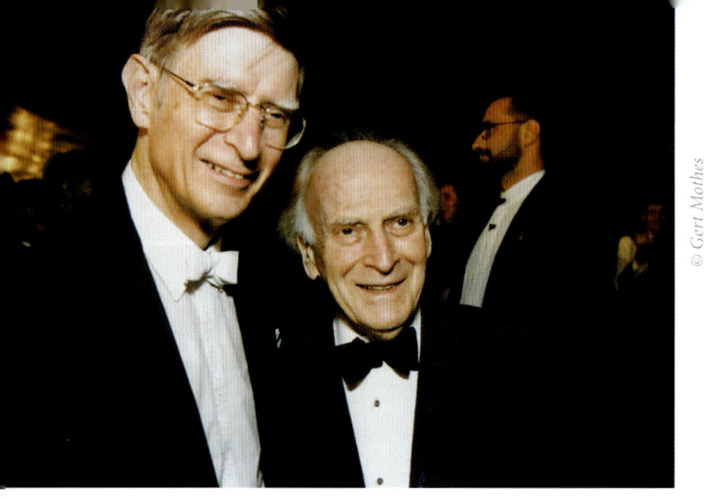

1998 im Gewandhaus Leipzig nach dem »Inthronisationskonzert«: Herbert Blomstedt mit Laudator Yehudi Menuhin

2010 in Leipzig: Herbert Blomstedt vor der Grieg-Büste von Felix Ludwig

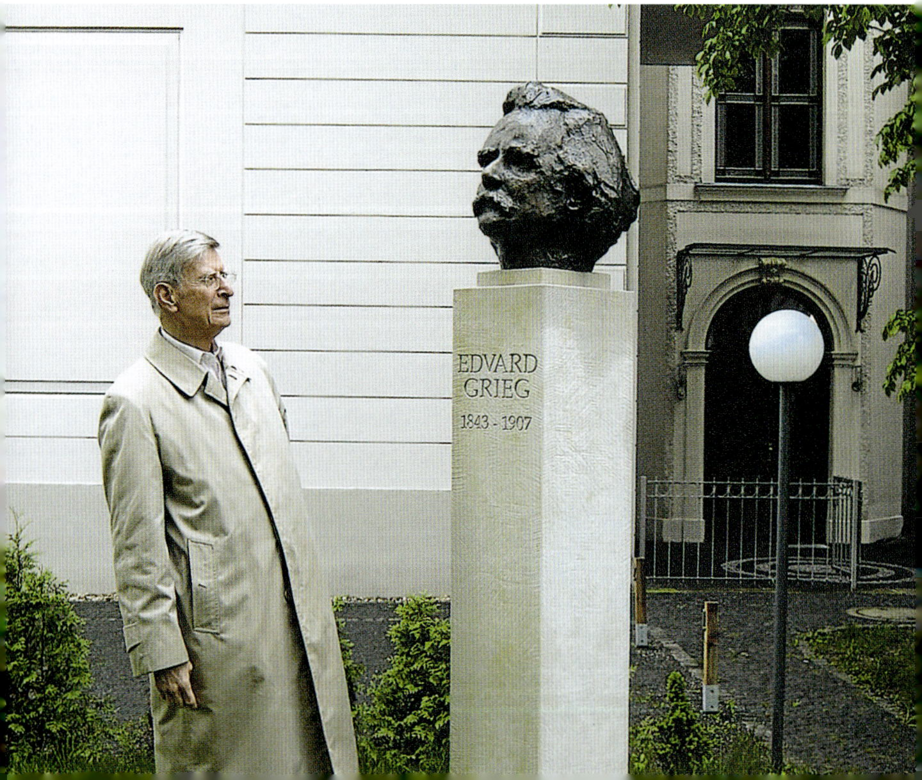

»VIEL **HUMOR**!
DAS HAT
MIR AUCH
GEHOLFEN«

EIN WOCHENENDE IN LEIPZIG: Ausbildung, frühe künstlerische Entwicklung, erste Engagements

Herbert Blomstedt ist für drei Konzerte mit dem Gewandhausorchester nach Leipzig gereist. Am Freitag führen wir Gespräche in seiner Hotelsuite, am Samstag bleibt das Aufnahmegerät wegen des adventistischen Gebots, am Sabbat nicht zu arbeiten, ausgeschaltet. Wir nutzen das Frühlingswetter für einen Spaziergang durch die Leipziger Innenstadt und besuchen unter anderem auch die Grieg-Begegnungsstätte im ehemaligen Verlagshaus C. F. Peters in der Talstraße. In ihrem Garten steht eine Bronze-Büste des norwegischen Komponisten Edvard Grieg, die Herbert Blomstedt dem Verein gestiftet hat. Grieg hatte von 1858 bis 1862 an dem von Felix Mendelssohn gegründeten Leipziger Konservatorium studiert, und der Leiter des Peters-Verlags Max Abraham stellte Grieg später zwei Zimmer in seinem Haus zur Verfügung, wo der Komponist oft monatelang wohnte. Auch die Büste selbst hat einen Bezug zum Gewandhausorchester. Sie wurde vom ehemaligen Kontrabassisten des Gewandhausorchesters Felix Ludwig angefertigt, der auch als Bildhauer arbeitet und dessen Talent Blomstedt schätzt. Er hat gleich mehrere seiner Skulpturen gekauft. Zum Teil hat er sie Institutionen gestiftet, zum Teil stehen sie auch in seiner eigenen Wohnung in Luzern. Vor dem Gewandhaus ist auch eine von Blomstedt gestiftete Beethoven-Büste Ludwigs zu sehen. Am Sonntag gibt es zwischen Frühstück und Abflug noch einmal Interview-Zeit. Wir unterhalten uns im Wagen, während Blomstedt vom Fahrer des Gewandhausorchesters zum Berliner Flughafen gebracht wird. Von dort aus fliegt er zurück nachhause.

In Göteborg, als Sie 13, 14 Jahre alt waren, begann für Sie eine musikbesessene Zeit. Sie hatten einen fabelhaften Geigenlehrer, Lars Fermaeus, Sie spielten im Quartett mit ihrem Bruder und Freunden. Haben Sie damals schon manchmal daran gedacht, die Musik zu Ihrem Beruf zu machen?
Ich hatte jugendliche Träume davon, aber keine konkreten Pläne. Mit 15 Jahren begann ich, neben der Geige auch Orgel zu lernen. Ich stellte mir vor, Kantor zu werden oder Organist oder aber Streichquartett-Primarius. Ich bin ein Träumer, bis heute. Damals hingen diese Träume auch mit meinen Mädchen-Fantasien zusammen. Eine Wunschvorstellung war es, dass mein Bruder und ich, wir beide, mit wunderbaren Frauen verheiratet wären und ein Streichquartett bilden würden. Dann hätten wir alle zusammen in einem schönen Haus am See wohnen und uns ganz der Musik widmen können. Dirigent zu werden, schwebte mir damals überhaupt noch nicht vor, obwohl die symphonische Welt meine Welt geworden war. In Göteborg hörte ich jede Woche zwei Symphoniekonzerte. Eines donnerstags und eines sonntags. Das Konzerthaus in Göteborg ist phänomenal. Der Saal ist ganz aus Holz gebaut und hat eine geschwungene Form. Man sitzt wie im Inneren einer Geige. Der Klang ist wie eine Umarmung.

Wie haben Sie denn Ihren Vater davon überzeugt, dass es notwendig war, zweimal pro Woche ins Konzert zu gehen?
Ich erinnere mich, dass mein Vater gelegentlich von seinen Büchern aufsah, um mich beim Üben zu beobachten. Er sagte nicht viel, aber ich spürte, dass es ihm gefiel, wie ernsthaft ich arbeitete. Ich übte zu dieser Zeit sicher drei bis vier Stunden am Tag Geige. Diese Hartnäckigkeit gefiel ihm. Mein großer Bruder Norman bekam als Mitglied der Orchesterschule der Göteborger Symphoniker Freikarten. Ich kaufte mir die vergünstigten Schüler-Abonnements selber. Ich bekam zwar kein Taschengeld. Das gab es in unserer Familie nicht, ebenso, wie es nie Süßigkeiten gab. Das Geld, das mein Vater verdiente, war dafür zu knapp. Aber ich verkaufte Zeitungen, um die Konzertabos bezahlen zu

können. Und dann war meine Mutter sehr clever: Sie bezahlte mir zehn Öre für jede Stunde, die ich übte. Das war also eine Gage, kein Taschengeld. Da kam einiges zusammen. Ich ging immer mit meinem Bruder in die Konzerte. Wir saßen nebeneinander und hatten eine Zeichensprache entwickelt, um uns während des Konzerts über unsere Eindrücke auszutauschen. Eine Armbewegung bedeutete »das ist eine wunderschöne Stelle«, eine Beinbewegung »bisschen sentimental« und so weiter. Das waren sehr emotionale Kommentare zur Musik. Und wenn wir nachhause gingen – es war ein Fußweg von etwa 20 Minuten – haben wir die Themen nachgesungen, damit wir sie nicht vergessen. Zuhause versuchten wir sofort, so viel wie möglich von dem Gehörten aufzuschreiben. Denn eine Schallplatte oder eine Partitur zu kaufen, kam ja überhaupt nicht in Frage. Es war eine herrliche Zeit.

Es war die Zeit Anfang der vierziger Jahre. Der Zweite Weltkrieg tobte, rings um Schweden versank Europa in Schutt und Asche. Welche Dirigenten haben Sie damals gehört?

Wir hatten einen hervorragenden Ersten Gastdirigenten bei den Göteborger Symphonikern: Issay Dobrowen. Als russischer Jude war er 1922 nach Kopenhagen gekommen und norwegischer Staatsbürger geworden. Als 1940 die Deutschen auch Dänemark besetzten, flüchtete er nach Schweden. Er war Komponist, Pianist und Dirigent. Fritz Busch hatte ihn 1922 für die deutsche Erstaufführung von Modest Mussorgskys Oper »Boris Godunow« nach Dresden geholt. Das war ein epochemachendes Ereignis, zu dem die Menschen mit Sonderzügen anreisten. Der Hausdirigent in Göteborg war dagegen nicht besonders. Aber es gab Gastspiele der großen Dirigenten, die alle in Schweden auftraten, weil sie nicht in den von Deutschland besetzten Gebieten spielen wollten. Furtwängler kam jedes Jahr nach Göteborg. Bruno Walter kam. Es kamen auch einige hervorragende jüdische Orchestermusiker zu uns, die die Qualität der Symphoniker noch steigerten.

Bereits mit 17 machten Sie Abitur und gingen nach Stockholm an die Musikhochschule. Was hat Ihr Vater dazu gesagt?
Da ich so früh Abitur gemacht hatte, war meine Argumentation, dass ich während der zwei Jahre, die ich gleichsam gespart hatte, das Musikstudium ausprobieren wolle. Darauf hat er sich eingelassen.

Sie studierten gleichzeitig drei Fächer an der Königlichen Musikhochschule in Stockholm: Musikpädagogik, Orgel und Chorleitung. Konnten Sie sich etwa nicht entscheiden?
Das hatte sich so ergeben, weil alle Fächer einen Numerus Clausus hatten. Ich bewarb mich für alle drei Fächer, um meine Chancen zu erhöhen, angenommen zu werden. Und als ich dann in allen drei Fächern einen Studienplatz erhielt, studierte ich sie alle drei. Es schien mir tatsächlich alles so interessant zu sein. Auf der Musikhochschule fühlte ich mich wie im Paradies. Dabei war mein Geigenlehrer nicht so gut wie Lars Fermaeus. Er war vielleicht ein besserer Geiger, aber kein besserer Lehrer. Besonders hat mich die Orgel fasziniert. Ich lernte die gesamte Orgelliteratur von Johann Sebastian Bach kennen, was eine enorme Erweiterung meines Horizontes darstellte. Vorher hatte ich nur die Klavier- und Orchesterliteratur von Bach gekannt. Ich war im Himmel, das spielen zu können. Schweden hat einige wunderbare Orgeln, die als Ausläufer der norddeutschen Orgelschule gebaut wurde. Auch Dänemark ist ein richtiges Orgelland. Ich habe mich sogar auf eine Organistenstelle beworben. Es war die einzige Bewerbung, die ich in meinem Leben geschrieben hatte. Aber ich habe diese Stelle nicht bekommen.

Sie besuchten darüber hinaus die Kantorenklasse. Hatten Sie sich inzwischen mit der Vokalmusik angefreundet?
Ich liebte bis dahin die Vokalmusik nicht. Besonders die Oper fand ich scheußlich. Da wurde mit so viel Vibrato gesungen, das war keine richtige Musik für mich. Aber wir hatten einen guten Chorleiter und sangen als erstes die Bach-Motette »Singet dem Herrn«. Und da gingen mir die Ohren auf! Was für eine fantas-

tische Musik! Das war eine neue Welt für mich. Tatsächlich gibt es eine wunderbare Chortradition in Schweden. Der Chorleiter Eric Ericson hat hier Maßstäbe gesetzt. Insgesamt war das musikalische Grundniveau in Schweden damals sehr gut, es wurde schon an den Volksschulen gepflegt. Zu Ostern wurde immer in der riesigen Stockholmer Engelbrektskirche die »Matthäus-Passion« aufgeführt. Die kannten wir fast auswendig. Ich liebe diesen Klang. Dagegen mag ich den italienischen Chorklang nicht so gerne. Chormusik muss mit Kopfstimme gesungen werden. Besonders die harmonischen Fortschreitungen müssen unbedingt *senza vibrato* gesungen werden, sonst sind die Harmonien nicht klar. Das gilt auch in der Instrumentalmusik. Melodische Gänge mit Vibrato zu spielen, ist ein natürlicher Impuls. Aber sobald es um harmonische Fortschreitungen geht, klingt es nicht mehr schön mit Vibrato. Ein Prager Bratscher, mit dem ich in Göteborg manchmal Quartett gespielt habe, fragte immer, wenn jemand mit starkem Vibrato spielte: »Was zitterst du? Ist dir kalt oder hast du Angst?« Er kam aus der Tradition von Joseph Joachim, nicht aus der belgischen Schule von Henri Vieuxtemps und Eugène Ysaÿe, die dieses intensive Vibrato gepflegt haben.

Und ans Dirigieren haben Sie auch zu diesem Zeitpunkt noch gar nicht gedacht?
Nein, ich wollte nur so viel Musik wie möglich aufsaugen. Mein Gesangslehrer hat mir sehr viel Grundlegendes beigebracht. Seither singe ich sehr gerne, wenn auch nicht gut. Aber das Singen ist wichtig. Man muss auch die Instrumente spielen, als wenn man singt. Die kleinste Phrase muss auch eine Form haben. Der Gesangslehrer Arne Sunnegårdh war streng, ein schwedischer Riese. Einmal hat er mich fast rausgeschmissen. Er fragte mich nach meinen Zielen. Und ich antwortete, ich wisse noch nicht genau, was ich machen wolle, ich sei an vielem interessiert: auch an Sprachen, an Mathematik. Die Antwort hat ihn wütend gemacht. Warum? Weil es einen strengen Numerus clausus gab. Und ich nutzte einen Platz, den hundert andere gerne haben wollten. Er fand das unmoralisch. Ich konnte das verstehen aus

seiner Sicht. Aber von einem geliebten Lehrer so etwas zu hören, tut weh.

Gab es ein Schlüsselerlebnis, das Sie schließlich zum Dirigieren gebracht hat?
Wir mussten ein halbes Jahr lang Chordirigieren lernen. Da merkte mein Lehrer wohl, dass ein gewisses Talent vorhanden war. Er ließ mich zu einem besonderen Anlass den Chor in der Hedvig Eleonora Kirche dirigieren: Es gab einen Todesfall im Umfeld der britischen Königsfamilie und wegen der familiären Verbindungen zur schwedischen Monarchie wurde eine Trauerfeier abgehalten. Ich durfte zwei Sätze aus dem Brahms-Requiem dirigieren. Und ich glaube, das hat den entscheidenden Anstoß gegeben. Als ich mit den anderen Fächern fertig war, bewarb ich mich für die Kapellmeisterklasse und wurde angenommen. Seither ging ich in diese Richtung. Das war eine dreijährige Ausbildung, die ich 1952 abgeschlossen habe. Parallel dazu studierte ich in Uppsala Musikwissenschaft.

Sie studierten in der Klasse von Tor Mann, der als Nachfolger des Komponisten Wilhelm Stenhammar auch lange Chefdirigent der Göteborger Symphoniker gewesen war. Was hat er Ihnen beigebracht?
Tor Mann war ein Mann der Praxis und tief verwurzelt in der schwedischen Musiktradition. Sein Lehrer Conrad Nordqvist war selbst Schüler des Komponisten Franz Berwald gewesen. Mit Carl Nielsen und Jean Sibelius war Tor Mann noch persönlich befreundet gewesen. Das war natürlich eine Offenbarung, wenn wir Werke von diesen beiden Komponisten studierten.

Der schwedische Komponist Franz Berwald war ein verkannter Zeitgenosse von Franz Schubert und Felix Mendelssohn Bartholdy. Als kompositorischer Außenseiter war er von Misserfolgen gezeichnet und musste seinen Lebensunterhalt lange Zeit als Hersteller orthopädischer Geräte und als Betriebsleiter eines Sägewerks und einer Glasmühle bestreiten. Seine Musik hat jedoch einen höchst eindringlichen, zugleich völlig unverwechselbaren eigenen Charme. Berwalds Musik kann energetisch und sequenzverliebt klingen wie die Anton Bruckners, oder sie beschwört einen Sommernachtsspuk à la Mendelssohn herauf; das prozesshafte Formdenken erinnert an Beethoven, die Vorliebe für rückläufige Konstruktionen gar an Alban Berg. Aber dennoch klingt Franz Berwald nur nach Franz Berwald, unkonventionell und individualistisch: ein Ausdruck, der sich nicht anbiedert. Die Schönheiten dieser Musik erschließen sich nicht über vordergründige Effekte. Berwalds Hauptwerk ist die dritte Symphonie, die den Beinamen »Sinfonie singulière« trägt. Blomstedt ist ein glühender Anwalt der Musik von Berwald.

Für Anfänger wie uns war Tor Mann ein sehr guter Lehrer. Er hatte als Cellist in der Stockholmer Philharmonie angefangen und bereiste auch als Kammermusiker das ganze Land. Zu meiner Zeit war er Chefdirigent des Rundfunksymphonieorchesters in Stockholm. Das war de facto das gleiche Orchester wie die Stockholmer Philharmoniker. Sie spielten abwechselnd philharmonische und Rundfunkkonzerte. Er gehörte noch zu der Dirigentengeneration, die recht freizügig mit den Partituren umging, indem sie nach eigenem Gewissen Dinge veränderte. Ein besonders hohes Niveau hatten seine Proben aus heutiger Sicht nicht, aber er war nüchtern und klug. Was er an schwedischer Musik dirigiert hat, ist allerdings vorbildlich. Seine Interpretation der 2. Symphonie von Stenhammar ist die beste Aufnahme, die es gibt. Er war ein echter Musikant, da gab es nichts Übertriebenes. Und viel Humor! Das hat mir auch geholfen.

Erinnern Sie sich an ein Beispiel?
Als ich in die Kapellmeisterklasse ging, fanden die Hochschulkonzerte immer freitagabends statt. Das ging für mich natürlich nicht, denn da beginnt der Sabbat. Das wusste Tor Mann und es gab keine Diskussion. Aber einmal wollte er unbedingt, dass ich an einem Freitagabend etwas dirigiere. Er begann, mit mir zu argumentieren, es sei doch Freitag, nicht Samstag. Ich

erklärte ihm, dass der Sabbat am Freitagabend bei Sonnenuntergang anfange und bis zum Sonnenuntergang am Samstagabend dauere. Da erklärte er, im November sei es abends immer neblig, da könne man gar nicht sehen, ob die Sonne tatsächlich schon untergegangen sei. Das war natürlich nur ein Spaß und er hat mich nicht weiter gedrängt.
Ich lernte damals auch viel durch die Proben, die ich in der Stockholmer Philharmonie besuchte. Das Orchester ließ mich die ganzen sieben Jahre lang jede Probe ansehen und so konnte ich viele der größten Dirigenten bei ihrer Arbeit beobachten: Joseph Keilberth, Rudolf Kempe, Wilhelm Furtwängler, Fritz Busch, Erich Kleiber, Bruno Walter, Victor de Sabata und andere.

Als Dirigent ist man auf ein Orchester angewiesen, um zu lernen und Musik entstehen zu lassen. Man kann nicht wie ein Instrumentalist für sich alleine üben. Gab es – abgesehen vom Hochschulorchester – während Ihrer Studienzeit noch Gelegenheiten für Sie zu dirigieren?
Tor Mann hatte einmal für mich eingefädelt, dass ich nach einer seiner Proben bei den Stockholmer Philharmonikern ein Probedirigat bekommen sollte. Ich sollte die Haydn-Variationen von Johannes Brahms dirigieren. Das war eine große Chance. Ich kam also zum Konzerthaus und wartete darauf, dass man mich holt. Aber es kam niemand. Schließlich erschien der Solo-Hornist, jedoch nur, um mir mitzuteilen, dass das Orchester keinerlei Verpflichtung habe, mit Schülern zu spielen. Damit hatte sich das Probedirigat erledigt. Das tat ein bisschen weh, aber das musste man schlucken. Aber was dann? Ein Debütkonzert war nicht in Sicht. Dieses Probedirigat war abgesagt worden. Die Tür war zu. Ich wusste nicht, was ich tun soll. Ich habe dann in Uppsala weiter Musikwissenschaft studiert, was mich auch sehr interessiert hat. Ich hatte schon auf der Musikhochschule ein paar Aufsätze über Bach geschrieben. Mein Professor war ein Spezialist für Gregorianik gewesen. Die Alte Musik hat mich enorm fasziniert, besonders das Mittelalter. Für meinen puritanischen Vater war die katholische Kirche der Antichrist. Das Mittelalter kam bei ihm nicht vor. Daher hatte ich da eine Lücke.

In der Schola Cantorum Basiliensis habe ich im Herbst 1958 einen Kurs gemacht. Das hat mein Interesse noch gesteigert. Meine Lehrerin in Basel, Ina Lohr, war für die Alte Musik, was Nadja Boulanger für die Neue Musik war. Bei Nadja Boulanger in Paris bin ich auch kurz gewesen. Beide Frauen lebten für ihre Schüler.

Sie haben auch zwei Mal an den Kursen für Neue Musik des Kranichsteiner Musikinstituts teilgenommen. In den fünfziger Jahren befand sich die Avantgarde in einer existentialistischen Aufbruchsstimmung. Man diskutierte sich die Köpfe heiß darüber, in welche Richtung das Komponieren gehen sollte. Welche Komponisten haben unterrichtet, als Sie in Kranichstein waren?
Kranichstein war eine sehr gute Erfahrung. Ich war zweimal da: 1949 und 1956. Beide Male fanden die Kurse auf der Marienhöhe statt, weil das Kranichsteiner Schloss zerstört worden war. Was 1949 modern war, war 1956 schon altmodisch. Die Positionen wechselten rasch. 1949 war Paul Hindemith die große Persönlichkeit. Auch Wolfgang Fortner war zu entdecken. Der Leiter des Instituts war Heinrich Strobel, der auch die Fachzeitschrift »Melos« herausgab. Er hielt die meisten Vorlesungen. Für Hindemith unterrichtete Maurits Frank, der Cellist seines Quartetts. Wir spielten unter seiner Leitung ein paar seiner Quartette und ein Streichtrio von ihm. 1956 war dann John Cage die zentrale Persönlichkeit. Das war natürlich etwas ganz Anderes. Er war eine sehr faszinierende Person. Aber die Aleatorik, also die zufallsgenerierte Musik, erschien mir unverständlich und sinnlos. Einmal hielt Cage einen Vortrag, dem er das aleatorische Prinzip zugrunde legte. Er las dieses Manuskript mit der Stoppuhr. Mitten in einem Wort blieb er stehen, alles war zerhackt. Was er wollte, begriff ich erst, als ich ihn einmal beim Wandern traf. Er war ja ein begeisterter Wanderer und ein absoluter Pilzfachmann. Er zeigte auf ein paar Pilze und sagte: »Sehen Sie, die Pilze wachsen auch nach dem Zufallsprinzip. Sie stehen nicht in einer Reihe, sondern einer hier und einer dort. Die Natur folgt anderen Gesetzen, als die Ratio.« So hat er auch komponiert.

Das war auch eine Polemik gegen die sehr deterministische serielle Musik von Pierre Boulez. Im ersten Band seiner »Structures« für zwei Klaviere hatte Boulez 1952 den gesamten musikalischen Verlauf durch eine Zahlenreihe festgelegt. Nicht nur die Tonhöhe, sondern auch die Dauern, die Dynamik, die Arten des Anschlags und so weiter waren durch Reihen organisiert. Und dann kam Cage und ließ einfach die Würfel über den musikalischen Verlauf entscheiden. Das war natürlich eine ungeheure Provokation. Aber sinnstiftend war das nicht, oder?
Der Zufall in den Kompositionen von Cage hat nur die Funktion, die Fantasie herauszufordern. Und natürlich war es eine gegen Pierre Boulez gerichtete Reaktion, der heftig gegen ihn polemisiert hatte. Für Boulez war Cage ein Scharlatan. Das Gute an Cage war, dass er die Fantasie freigemacht hat. Man muss manchmal etwas niederreißen, um etwas Neues bauen zu können.

Wie stark sind Sie eingetaucht in diese Welt der Neuen Musik?
Kranichstein hat mir sehr viel bedeutet. Ich habe damals ungeheuer viele neue Werke dirigiert. Ich empfand das als eine wichtige Aufgabe. Als Chefdirigent muss man sich auch um die lokalen zeitgenössischen Komponisten kümmern. Das gehört zum Job. Und da gibt es immer interessante Leute zu entdecken. Auch wenn sie nicht alle genial sind, haben ihre Kompositionen eine Berechtigung und sind es wert, gespielt zu werden. Wie sagte Richard Strauss einmal: »Ich bin vielleicht kein erstrangiger Komponist, aber unter den zweitrangigen bin ich doch gar nicht so schlecht.« Da hatte Strauss einen seltenen Anfall von Demut, was eigentlich gar nicht zu seinem Naturell passte.

Den Dirigenten Igor Markevitch haben Sie immer als einen Ihrer wichtigen Lehrer bezeichnet. Welche Impulse erhielten Sie durch die Dirigierkurse bei ihm am Mozarteum in Salzburg?
Ich bekam zwei große Stipendien: Zunächst erhielt ich 1950 den Jenny-Lind-Preis für weiterführende Studien im Ausland.

Der Preis war mit 7000 Kronen dotiert und ich erhielt die Möglichkeit, ihn aufzuteilen für mehrere Sommerkurse. Drei Mal bin ich zu Markevitch nach Salzburg gereist. Er war ein superber Lehrer für mich, weil er so analytisch und pragmatisch war. Seine Vorbilder waren Arturo Toscanini und Hermann Scherchen, bei dem er studiert hatte. Toscanini bewunderte er für seine vorbildliche Ökonomie, für die völlige Unabhängigkeit der Hände. Das war ein Grundsatz, den Markevitch an uns weitergab. Toscanini beherrschte das meisterhaft, bei ihm gab es nichts Überflüssiges. Denn erst, wenn alles Überflüssige weggelassen wird, merkt man, was man alles hinzufügen kann. Das ist wie mit dem *senza vibrato*-Spielen. Man nimmt dadurch nichts weg, sondern fügt etwas hinzu, eine neue Klangfarbe. An Scherchen lobte Markevitch dessen Einsatz für die Neue Musik. Scherchen habe ich auch kennengelernt. Er war ein großartiger Musiker, aber ein schwieriger Mensch.
Markevitch war nicht nur Dirigent, sondern auch ein fabelhafter Komponist. In Paris hatte er bei Nadja Boulanger studiert und wurde ein Schützling von Sergej Diagilev, dem Begründer der Ballets Russes. Diagilev gab die Komposition eines Klavierkonzerts und mehrerer Ballette bei Markevitch in Auftrag. Später heiratete Markevitch die Tochter des Tänzers Vaslav Nijinsky. Markevitch konnte sehr streng werden. Er verlangte äußerste Disziplin. Ich habe ein paar schwere Zurechtweisungen von ihm abbekommen, aber sie waren nicht ungerechtfertigt. Er nannte sich mir gegenüber »Papa Igor« und mochte mich offenbar. Wir mussten immer auswendig dirigieren, auch in den Proben. Das war eine gute Schule, aber sehr hart. Nächtelang haben wir Partituren gepaukt. Ich wurde ausgewählt, bei unserem Schlusskonzert das 5. Brandenburgische Konzert von Bach zu dirigieren. Das empfand ich als eine Ehre, denn es waren viel erfahrenere Studenten in dem Kurs als ich. Wolfgang Sawallisch war dabei und auch der schottische Dirigent Alexander Gibson. Mit ihm freundete ich mich an. Er hat später die Sadler's Wells English National Opera geleitet und gründete dann die Schottische Nationaloper. 1954 kam auch der erst elfjährige Daniel Barenboim in unsere Klasse. Er hatte natürlich

noch keine Erfahrung, aber man spürte schon, dass er enorm talentiert war.

Daniel Barenboim erinnert sich in seiner Autobiographie an die Begegnung mit Herbert Blomstedt in Markevitchs Dirigierklasse: »Ich war der jüngste Teilnehmer in der Dirigentenklasse, da alle anderen weit über zwanzig Jahre alt waren. Ich erinnere mich, dass viele meiner sogenannten Kollegen, die schon Dirigenten waren, mich nicht besonders freundlich behandelten; ich war, alles in allem, doch noch ein Kind. Es gab eine Ausnahme: Herbert Blomstedt. Er war sehr nett zu mir und gab sich immer Mühe, mir Dinge zu erklären, wenn ich sprachliche Probleme hatte – ich sprach ein sehr dürftiges Englisch, und meine minimalen Deutschkenntnisse beschränkten sich auf Wörter, die ich als Neunjähriger in Wien und Salzburg aufgeschnappt hatte.« (Daniel Barenboim »Die Musik – mein Leben«, Berlin 2004, S. 43)

Ich durfte also das 5. Brandenburgische Konzert dirigieren, aber die Sache hatte für mich einen Haken: Die Generalprobe sollte an einem Samstag stattfinden. Ich ging also zu Markevitch und sagte ihm, dass ich die Generalprobe nicht machen könne, weil Sabbat sei. Da wurde er sehr finster und sagte, ich solle bei meinem Priester um eine Sondergenehmigung bitten. Ich antwortete ihm, das läge auf einer anderen Ebene, das sei eine Sache zwischen Gott und mir. Das konnte er nicht verstehen. Aber ein paar Tage später kam er und sagte, er habe mit dem Orchester gesprochen, und sie seien bereit, die Generalprobe auf Sonntagvormittag zu verlegen. Dann fügte er hinzu: »Ich denke, das sind viel bessere Christen als Du.« Ich war total kaputt. Was kann man dazu sagen? Das hat mir sehr zu denken gegeben, denn was ich am meisten möchte, ist doch, ein ordentlicher Christ zu sein.

Ein anderes Mal ist es mir passiert, dass ich ihn beim Dirigieren aus Versehen mit der Hand am Mund getroffen habe. Er blutete. Zuerst kam ein langes Schweigen. Und dann sagte er trocken: »I told you, you should be more flexibel«, also: »Ich habe dir doch gesagt, du sollst geschmeidiger dirigieren.« So war Markevitch.

Ein fantastischer Pädagoge. Er machte mich dann zu seinem Assistenten und ich durfte seine Schüler unterrichten. Er hat mich auch gut beraten, als ich im Zweifel war, ob ich die Position in Dresden annehmen soll. Er sagte natürlich, ich müsse die Stelle annehmen. Seltsamerweise hat Markevitch selber nie ein wirklich herausragendes Orchester als Chefdirigent geleitet, obwohl er so ein fantastischer Dirigent war. Das beste Orchester, das er bekam, war das Orchestre symphonique de Montréal. Aber dann war er in Monte Carlo und in Havanna. Als er mich einmal eingeladen hatte, sein Orchester in Monte Carlo zu dirigieren, kam er in mein Hotel und sagte: »Weißt du noch, damals in Salzburg? Ich denke heute anders: Halte fest an deinem Sabbat.« Das war Balsam für mich.
Tor Mann war gar nicht besonders angetan von Markevitch, aber er tolerierte, dass ich auch bei ihm studierte. Die beiden passten überhaupt nicht zusammen. Für Tor Mann war Markevitch viel zu trocken. Markevitch war einige Jahre Gastdirigent in Stockholm gewesen und da schrieb mir Tor Mann einen Brief, in dem stand, wie gelangweilt das Orchester von Markevitch gewesen sei und so weiter. Ich glaube, da war auch ein bisschen Eifersucht mit im Spiel.

An der Universität in Uppsala studierten Sie bis 1952 Musikwissenschaft, Psychologie und Religionsgeschichte. Danach bot Ihnen ein Stipendium der Schwedischen Amerika Stiftung die Möglichkeit, ein ganzes Jahr in den USA zu studieren. Warum haben Sie sich für das New England Conservatory of Music in Boston entschieden?
Die Hochschule wurde einem zugeteilt und so kam ich erst nach Boston. Dort durfte ich drei Monate lang das Hochschulorchester dirigieren, das eigentlich vom Dekan der Hochschule geleitet wurde. Er war erkrankt und so konnte ich einspringen. Ich habe sogar ein Rundfunkkonzert dirigieren dürfen. Mein Mentor war der Erste Konzertmeister des Boston Symphony Orchestra, Richard Burgin, der ein fantastischer Musiker war. Charles Munch war damals Chefdirigent der Boston Symphony und ich besuchte so gut wie jede Probe. Aber eigentlich wollte

ich an die Juilliard School of Music kommen und das gelang mir schließlich auch. Dort war mein Lehrer im Dirigieren Jean Morel, ein französischer Musiker, der mit uns nach der speziellen Methode des Solfège musiktheoretische und höranalytische Übungen machte sowie Partituranalysen. Aber mehr noch als bei ihm lernte ich in den Proben des New York Philharmonic Orchestra. Ich war so viel wie möglich in der Carnegie Hall. Da kamen natürlich alle hin: Toscanini war dort noch tätig, Bruno Walter war der Erste Gastdirigent und Dimitri Mitropoulos war Chef. Mit diesen Dirigenten habe ich viele Proben gehört und unheimlich viel gelernt.

Waren die Proben denn öffentlich oder nur für die Studenten zugelassen?

Weder noch. Aber wenn man stur ist, findet man immer einen Weg, obwohl ich natürlich, als typischer Schwede, schüchtern war. Das war eine aufregende Geschichte, wie ich hineinkam. Es war Winter und ich schlich um die Carnegie Hall herum. Leider wurde das Gebäude von einem Sicherheitsmann bewacht, der auch nach Stunden des Wartens nicht wegging. Ich wurde von einem großen, gefährlich aussehenden Mann beobachtet, der irgendwann auf mich zukam und mir auf die Schulter klopfte. Ich bekam Angst. Er fragte mich mit raunender Stimme, ob ich ein paar »nice pictures« sehen wolle und zeigte mir pornographische Bilder, die er aus seiner Tasche zog. Da bekam ich erst recht Angst. Er fragte mich, was ich denn sonst wolle. Und als ich antwortete, dass ich in das Gebäude hineinwolle, sagte er lässig »no problem«. Dann führte er mich durch einen Seitenausgang hinein. Er wusste, dass diese Tür immer offen war. So kam ich in die Carnegie Hall. Im Saal versteckte ich mich in einer der Logen, und duckte mich, damit mich niemand entdeckte. Zu meinem Erstaunen saßen da ganz viele Gleichgesinnte am Boden. Sie alle kannten diese Tür. Das war doppelt wunderbar, auch, weil es den Ruch des Verbotenen hatte. Einmal wagte ich mich mit meiner Partitur sogar hinunter ins Parkett. Es war eine Probe mit Guido Cantelli, einem jungen Dirigenten, der ein Schützling von Toscanini war. Er probte Mendelssohns 4. Symphonie, die »Italienische«, und ich wollte unbedingt hören, was er für Instruktionen gab. Nach einer Weile kam ein alter Herr herein, der von seiner Begleiterin gestützt wurde. Sein Mund war schief und er war gesundheitlich schwer angeschlagen. Es war Otto Klemperer mit seiner Tochter. Er wollte auch in die Partitur blicken und so setzte er sich zu mir und wir lasen gemeinsam. So etwas passiert nur in New York!

In Ihrer Biographie steht, dass Sie auch bei Leonard Bernstein studiert haben. Bernstein leitete die Dirigentenklasse am Berkshire Music Center in Tanglewood, wo das Boston Symphony Orchestra seinen Sommersitz hat. Das Tanglewood Music Festival ist bis heute legendär. Aber war nicht das Jahr eigentlich schon um und Ihr Stipendium abgelaufen?
Richtig, im Juni hätte ich nachhause fahren müssen und mein Geld war aufgebraucht. Aber ich hatte von Tanglewood gehört und da wollte ich unbedingt hin. Leonard Bernstein leitete damals jeden Sommer die Dirigentenklasse und wohnte sonst gegenüber von der Carnegie Hall in New York, in der 57th Street. Also ging ich zu ihm in seine Wohnung und bat ihn, mich in seinen Kurs aufzunehmen. Die Anmeldefrist war längst verstrichen, aber großzügig, wie er war, nahm er mich an. Und er verschaffte mir sogar ein Stipendium für Tanglewood. Das war der Koussevitzky-Preis. Damit konnte ich noch einmal für das gesamte Berkshire Music Festival in Tanglewood bleiben und im Music Center studieren. Leonard Bernstein war der Kronprinz von Serge Koussevitzky in Boston gewesen. Koussevitzky hatte die Boston Symphony bis 1949 geleitet und war 1951 gestorben. Bernstein hatte als sein Protégé immer auf diese Position gehofft. Aber es wurde nie etwas daraus. Das Orchester war zu konservativ. Sie wollten keinen jungen amerikanischen Homosexuellen, sondern einen konservativen Europäer. 1949 wählten sie Charles Munch an ihre Spitze. Der kam aus dem Elsass und hatte unter anderem bei Hans Pfitzner und bei Carl Flesch studiert. Als Geiger war er Konzertmeister beim Gewandhausorchester gewesen. Den Krieg hatte er als Dirigent in Paris verbracht, von wo aus er auch die Résistance unterstützt hatte.

Was ist das Besondere an Tanglewood?
Da herrscht eine phantastische Atmosphäre! Es gab ein exzellentes Hochschulorchester, das aus Studenten bestand, die wie echte Profis musizierten. Ein unglaubliches Niveau! Ich bin bis heute regelmäßig immer wieder in Tanglewood. Diese jungen Leute sind oft große Persönlichkeiten. Ich erinnere mich an einen fantastischen Hornisten, der eigentlich Physiker war. Die Studenten kommen aus ganz Amerika.

Und wie war der Unterricht bei dem Charismatiker Leonard Bernstein? Das muss für Sie ja ein großer Kontrast zu der strengen Schule von Markevitch gewesen sein.
Enorm, ja. Aber wir haben wenig von Bernstein gesehen in Tanglewood. Er war ständig und überall mit allem beschäftigt, nicht zuletzt auch mit seinen eigenen Kompositionen. Den Unterricht hielt die meiste Zeit Bernsteins Assistent Lukas Foss ab, der ein glänzender Pianist war. Er hat vor allem Partituranalysen am Klavier mit uns gemacht. Aber wenn Lenny dann persönlich kam, waren wir in Hochstimmung. Über das Dirigieren selber erfuhren wir von ihm nicht viel. Das Technische hat ihn überhaupt nicht interessiert. Das merkte man auch seinem eigenen Dirigierstil an. Gute Zeichen geben konnte er nicht, das heißt, er hätte das sicher gekonnt, aber es hat ihn einfach nicht interessiert. Aber musikalisch floss er über. Er war wie die personifizierte Musik: so warmherzig und spontan, total überraschend, visionär, bezaubernd und zugleich auch ungreifbar. Er war gleichzeitig hochintellektuell und bedingungslos emotional. Das erlebt man ganz selten, dass ein Mensch alle diese Eigenschaften in sich vereint. Als Europäer konnte man seine Art leicht missverstehen und als Show empfinden. Aber Bernstein war tatsächlich so, das war seine natürliche Art.

Und was haben Sie von ihm gelernt?
Seine Spontaneität war absolut befreiend für mich. Das war eine ganz andere Art zu musizieren für mich. Ich wünsche mir manchmal, ich hätte noch mehr von seiner Offenheit, seinem Weitblick und seiner Wärme gelernt. Er war ein Mensch, der

alles wollte, alles gab und alles konnte. Er kannte überhaupt keine Grenzen. Das war für uns Schüler ein Glück, aber für ihn wurde es auch zum Verhängnis. Er liebte junge Menschen. Er förderte sie sehr. Aber sich selber hat er zerstört. Am Ende war er immer alkoholisiert, er konnte ohne Whisky und ohne Nikotin nicht existieren. Das war furchtbar traurig zu beobachten.

Sind Sie danach in Kontakt geblieben? Haben Sie ihn später wiedergesehen?
Oh ja. Einmal habe ich ihn bei einer Probe in München getroffen. Wir wohnten beide im Hotel »Vier Jahreszeiten« und ich hörte, dass Bernstein im Zimmer gegenüber eine Klavierprobe zu einer Rundfunkproduktion von »Tristan und Isolde« machte. Ich klopfte und ging hinein. Bernstein war ziemlich betrunken, und er konnte keine Frau an sich vorbeigehen lassen, ohne ihr auf den Hintern zu klopfen. Es waren ungefähr zehn oder zwölf Menschen in seiner Suite und er hat sie behandelt wie seinen Besitz. Er kannte ja auch sexuell keine Grenzen, ihn interessierten beide Geschlechter. Und so war er auch in der Musik: Er spielte Symphonien und jiddische Musik, die Missa Solemnis und die West Side Story, und eben sogar Wagner, obwohl er Wagner ja eigentlich hasste. Er sagte einmal »I hate Richard Wagner, but I hate him on my knees«, also: »Ich hasse Richard Wagner, aber ich hasse ihn kniend.« Diese »Tristan«-Aufnahme mit einer herausragenden Sängerbesetzung ist eine sehr eigenwillige, aber sehr schöne Produktion geworden. Und Bernstein hat diese Probe in musikalischer Hinsicht auch fantastisch geleitet. Aber trotzdem habe ich es nicht ausgehalten, ihn zu beobachten, wie er trinkt und sich benimmt. Ich musste nach zehn Minuten hinausgehen. Das letzte Mal, dass ich ihn gesehen habe, war 1990 bei einem Gastspiel mit den Wiener Philharmonikern in San Francisco. Da stand während des Konzerts hinter der Bühne ein Assistent und wartete mit einem Glas Whisky und einer brennenden Zigarette auf ihn. Bei jedem Abgang von der Bühne nahm er schnell einen kleinen Schluck Whisky, »a little sip«, wie er sagte, und einen Zug an der Zigarette. Aber er machte großartige Musik. Wenige Monate später starb er.

Noch in Tanglewood erreichte Sie eine Einladung, die Stockholmer Philharmoniker zu dirigieren. Am 3. Februar 1954 gaben Sie Ihr Debütkonzert – und das ausgerechnet bei jenem Orchester, das Sie damals so herablassend versetzt hatte, als Tor Mann für Sie das Probedirigat eingefädelt hatte. Das war inzwischen vergessen, oder?
Das Konzert war ein großes Glück, und es wurde zu einem Katapultstart. Auf dem Programm standen Bachs Orchestersuite Nr. 2, Beethovens 1. Klavierkonzert und Hindemiths Sinfonie »Mathis der Maler«. Die Kritiken waren großartig und Bernstein gratulierte mir dazu in einem sehr lieben Brief. Dieses gewaltige Echo hatte ich mir nicht träumen lassen. Nur zwei Wochen später kam eine Anfrage des Orchesters in der schwedischen Stadt Gävle, ob ich dort Chefdirigent werden wolle. Diese Stelle habe ich leider nicht bekommen, weil dort die Hauptproben immer samstags stattfanden. Ich bestand darauf, am Sabbat nicht arbeiten zu wollen, und so wurde nichts daraus. Als dann kurz darauf das nächste Angebot aus Norrköping kam, stellte sich natürlich das gleiche Problem. Nach zwei Probekonzerten waren sie überzeugt davon, dass sie unter meiner Leitung vorwärts kommen könnten. Aber auch dort fand die Generalprobe immer samstags statt für das wöchentliche Konzert am Sonntag. Ich überlegte, was sage ich jetzt. Aber ich bin ja auch stur. Und tatsächlich entschieden diese Musiker dann, dass sie sich darauf einlassen würden, statt samstags am Sonntag zu proben. Das war ein Mirakel. Als Christ sehe ich das heute als eine Fügung an. Ich hörte während der ganzen sieben Jahre, die ich in Norrköping Chefdirigent war, auch nie ein Wort der Klage darüber, dass die Musiker das Fußballspiel oder die Sonntagsmesse wegen mir verpassten. Offenbar war es ihnen das wert. Diese Erfahrung, so erwünscht zu sein bei dem Orchester, hat mein Selbstbewusstsein ungeheuer beflügelt.

Das Orchester in Norrköping ist heute ein vollbesetztes Symphonieorchester, aber damals war es klein. Es gab nur dreißig Musiker. Damit ist man im Repertoire eingeschränkt.

Das Orchester hatte zwar nur dreißig Musiker, aber die waren von seltenem Optimismus und einer ungeheuren Spielfreude angetrieben. Das Orchester war zudem als ein gutes Orchester für Anfänger bekannt. Wir spielten viel Barockmusik, Musik der Renaissance und frühe Klassik, Werke von Haydn und Mozart, von Dieterich Buxtehude, Orlando Gibbons, Thomas Tallis, William Byrd und Heinrich Ignaz Franz Biber, und natürlich von Bach, denn ich war ja von Bach besessen. Ich gründete einen Kammerchor, sodass wir auch Kantaten und Oratorien aufführen konnten, zum Beispiel Händels »Messias« und Bachs »Johannes-Passion«. Es war herrlich. Die Musiker nahmen willig alles an, was ich ihnen anbot. Ihr Vertrauen war mein höchstes Gut. 2014 bin ich für ein Konzert nach Norrköping zurückgekehrt, als das Orchester sein 100. Jubiläum feierte.

Mein Glück als junger Chefdirigent wurde noch dadurch gesteigert, dass ich dank dieser festen Anstellung nun endlich auch heiraten konnte. Ich kannte meine Frau Waltraud schon seit 1946. Sie war ja aus Hamburg mit einem jener Nachkriegsprogramme nach Schweden verschickt worden, die man eingerichtet hatte, um die Kinder aus dem Nachkriegselend in Deutschland herauszuholen und aufzupäppeln. 1946 zog sie zu ihrer Tante nach Göteborg und begann dort Englisch und Französisch für das Lehramt zu studieren. 1955 wurden wir von meinem Vater getraut. Sie war eine wunderbare, hoch musikalische Frau und auch tief religiös. Wir hatten einen Gleichklang der Seelen, den ich als ein Geschenk empfand. Leider wurde sie im Alter sehr krank und starb im Jahr 2003.

In Norrköping wurden auch zwei Ihrer vier Töchter geboren.

Ja, meine beiden ältesten Töchter, Cecilia und Maria, sind beide dort geboren. Außerdem kehrte mein Bruder, der ja auch musikbesessen war, sofort aus Amerika zurück, als er hörte, dass ich die Stelle in Norrköping bekommen habe. Er wollte in meiner

Nähe sein und nahm daher im Krankenhaus Norrköping eine Stelle als Mediziner an. Er wohnte nur drei Minuten entfernt von uns. Auch er hat zwei Mädchen bekommen, die die besten Spielkameradinnen von Cecilia und Maria wurden. Es war eine wunderschöne Zeit. Und schließlich zogen auch noch meine Eltern nach Norrköping. Mein Vater wurde Pastor der Adventgemeinde. Wir waren alle zusammen. In Norrköping starb aber dann leider meine Mutter. Sie war von ihrem Rheuma schon so schwer behindert, dass sie im Rollstuhl saß, aber sie kam trotzdem zu jedem Konzert.

Konnte man das Rheuma mit Medikamenten gar nicht aufhalten?

Man kann nur die Schmerzen lindern. Aber sie hat ihr Leid sehr gut getragen. Sie war ein sehr geselliger Mensch. Mein Vater dagegen war sehr verbissen in seine Aufgabe, er nahm alles hundertfünfzigprozentig ernst. Die Krankheit seiner Frau stellte für ihn ein großes Problem dar, nicht nur rein praktisch, sondern auch geistig. Denn er dachte, Gott könne doch die Krankheiten heilen, wenn man nur betet. Wenn man diese Überzeugung zu einseitig auslegt, führt das zu enormen Konflikten. Denn man kann Gott nicht befehlen, was er tun soll. Man kann nur immer noch mehr beten und sich noch mehr anstrengen. Die Schlussfolgerung aber, dass man Gott damit manipulieren könne, ist natürlich ein Irrweg. Mein Vater war da sehr einspurig, so intelligent er war. Er hat die Bibel ganz wörtlich genommen. Und so hat er die Krankheit der Mutter fast als eine Bestrafung empfunden.

Wann begannen Sie als Chefdirigent in Norrköping unruhig zu werden? Das Orchester war ja auf die Dauer zu klein und es musste doch weitergehen.

Da kam zunächst eine Geschichte, die mich in innere Probleme brachte. Das Symphonieorchester in Bergen hatte mir ein Angebot gemacht, und das kam mir wie ein Geschenk des Himmels vor. Denn so glücklich ich in Norrköping war, sehnte ich mich nach so vielen Jahren natürlich nach einem vollbesetzten Orchester, um auch größere symphonische Werke spielen zu können. Ich traf mich also mit den führenden Männern aus Bergen, um alles zu besprechen. Mein Agent Per Gottschalk hatte mir eingeschärft, kein Angebot anzunehmen, ohne mit ihm Rücksprache zu halten. Also ging ich während dieser Verhandlungen immer wieder hinaus, um mit ihm zu telefonieren. Er trieb die Gage immer weiter und immer weiter in die Höhe, bis der Bogen überspannt war und die drei Herren wieder abreisten. Ich war völlig niedergeschmettert. Nicht nur hatte ich diese wunderbare Chance vertan, sondern es schien mir alles auch noch aus dem falschen Grund gescheitert zu sein. Geld! Das ist nicht mein Stil. Ich schämte mich. Wenige Wochen später kam das Angebot der Osloer Philharmoniker, das künstlerisch natürlich noch attraktiver war. Mein Agent musste das irgendwie schon in der Nase gehabt haben. So verwandelte sich dieses vermeintliche Unglück in einen Segen.

Wieder einmal hatten Sie sich für ein neues Land entschieden. 1961 wurden Sie für sechs Jahre Chefdirigent in Oslo. Was war das Besondere an Norwegen für Sie?

Ich liebe das Land und vor allem die Sprache, die eine besondere Sprachmelodie hat: Jeder Satz endet mit einer Wendung nach oben. Das klingt immer wie eine freundliche Einladung. Das war ein Orchester von anderer Größe mit fantastischen Musikern, die vor nichts zurückschreckten. Gleich im ersten Konzert stand unter anderem die norwegische Erstaufführung von Igor Strawinskys »Le Sacre du Printemps« auf dem Programm, daneben noch Werke von Béla Bartók und von dem norwegischen Komponisten Olaf Fartein Valen. Ich fühlte mich von den Musikern dieses Orchesters getragen. Es war ein sehr positives, spontanes Orchester. Später wurde es das Orchester von Mariss Jansons. In die Osloer Zeit fällt auch das erste Gastspiel, das mich nach Deutschland führte. Die Reise nach Berlin 1965 ist mir noch in guter Erinnerung. Der damalige Regierende Bürgermeister Willy Brandt war im Konzert und wir hatten ein sehr schönes Treffen. Er hatte viele Jahre in Norwegen gewohnt und war auch mit einer Norwegerin verheiratet.

Als ich dann 1977 nach Kopenhagen ging, hat der Intendant in Oslo buchstäblich geweint darüber, dass ich wegging. Das tat mir sehr leid, und ich fragte mich, ob ich wirklich das Richtige täte. Kopenhagen war natürlich ein bedeutenderes Orchester. In Kopenhagen war die Lösung des Sabbat-Problems schon kein Thema mehr. Als ich das ansprach, sagte mir der Intendant, es sei doch schon längst gelöst. Das Orchester war ein Teil der Musikabteilung des Dänischen Rundfunks. Es war damals das größte Orchester in Skandinavien. Vor allem aber hatte der Rundfunk zwei Orchester und einen guten Rundfunkchor. Es gab das hundert Mann große Rundfunkorchester und noch ein kleineres Orchester mit etwa fünfzig Mann für die gehobene Unterhaltungsmusik. Das bot fantastische Möglichkeiten, weil man beide Klangkörper jederzeit fusionieren konnte. Auf diese Weise konnten wir riesig besetzte Werke spielen, wie Arnold Schönbergs »Gurrelieder« oder Gustav Mahlers 8. Symphonie. Das war paradiesisch.

Und trotzdem sind Sie vorzeitig aus Kopenhagen weggegangen. Warum?

In anderer Hinsicht war die Zeit schwierig. Die Ansprüche des Orchesters waren hoch, denn es hatte hier mit Nikolai Malko und Fritz Busch zwei bedeutende Dirigenten gegeben. Gegründet worden war es 1925 als eines der ersten Rundfunksymphonieorchester vom Kammersänger Emil Holm. Dessen Visionen hatten es lange getragen. Er hatte es auch mit hervorragenden italienischen Meisterinstrumenten ausstatten lassen. Es gab jede Menge Streichinstrumente von Ruggieri, Guarneri, Gagliano und Amati. Aber sowohl Emil Holm als auch Nikolai Malko und Fritz Busch waren tot. Als ich kam, waren die Orchestermusiker alt und ruhten sich auf ihren Lorbeeren aus. Das Spielniveau war extrem gesunken. Heute ist das ganz anders. Das Orchester hat sich sehr verjüngt und es ist sehr gut geworden. Aber damals musste ich die Dinge von Grund auf neu erarbeiten. Dafür hatte mich der Intendant des Orchesters Mogens Andersen mich mit großen Hoffnungen verpflichtet. Zwischen ihm und dem Orchester herrschte aber nichts als Misstrauen, denn er war ein glühender Verfechter der Neuen Musik, die das Orchester hasste. Er hoffte, in mir einen Verbündeten zu haben. Aber ich fühlte mich ebenso sehr als Anwalt des Orchesters. Das war psychologisch eine schwierige Situation. Hinzu kam, dass ich dem Orchester wohl zu hart gearbeitet habe, sie wollten die Musik lieber genießen. Es kam der Moment, wo ich mit dem Solofagottisten Leo Lipschitz sprechen musste, weil er den Anforderungen nicht mehr gewachsen war. Also versuchte ich ihm vorsichtig zu erklären, dass er auf die Position des 3. Fagottisten wechseln möge. Er akzeptierte und ich dachte, ich wäre mit viel Feingefühl vorgegangen. Aber Jahre später saßen wir auf einer Tournee gemeinsam allein im Zugabteil, und da erzählte er mir, dass dieses Gespräch für ihn so schmerzhaft gewesen sei, dass er sich sogar mit Selbstmordgedanken getragen hätte. Das hat mich sehr getroffen. Es ist ein unlösbarer Konflikt. Man muss die Wahrheit sagen und hat doch aber auch eine menschliche Verantwortung. Auch das ist eine Sache, die man lernen muss. Interessanterweise wurde er später mein enger Freund. Er war ein so feiner, empfindsamer Mensch.

In Kopenhagen haben Sie alle Symphonien von Carl Nielsen eingespielt?
Das war eine der ehrgeizigen Ideen von Mogens Andersen, die mir aber sehr entgegenkam. Die Musik von Carl Nielsen atmet eine besondere, unergründbare Stimmung. Sie ist voll von dänischem Humor: sehr ernst und zugleich sehr lustig und doch erhaben. Dänischer Humor verletzt nie. Er ist nie sarkastisch, sondern immer gutmütig, selbst da, wo er scharf wird. Ich denke, das liegt an diesem Land, das ein Paradies ist. Es ist sehr fruchtbar, alles wächst von selbst. Es gibt herrliches Essen und wunderbare Barockbauten und mittelalterliche Kirchen.

Bereits während Ihrer Zeit in Kopenhagen nahmen Sie die Leitung der Staatskapelle Dresden an.
Das war viel Arbeit, aber kein Problem. Es gab übrigens eine traditionelle Verbindung zwischen Kopenhagen und Dresden. Der Komponist Heinrich Schütz, der die Kapelle fast sechzig

Jahr lang geleitet hat, war während des Dreißigjährigen Krieges zweimal für einige Jahre nach Kopenhagen gekommen, um seine Familie ernähren zu können. Ein Jahrhundert später ging auch Johann Gottlieb Naumann von Dresden zunächst nach Kopenhagen und anschließend nach Stockholm.

Das Schwedische Radio-Symphonieorchester Stockholm war das letzte skandinavische Orchester, das Sie neben Ihrer Position in Dresden von 1977 an leiteten. Das war noch ein sehr junges Orchester, es wurde 1965 gegründet. Wo haben Sie damals eigentlich gewohnt?
Wir wohnten seit 1962 in Danderyd bei Stockholm. Dort blieben wir auch, als ich in Oslo, Kopenhagen und Dresden wirkte. Inzwischen waren auch meine beiden jüngeren Töchter Elisabet und Kristina geboren worden. Ich wollte es den Kindern ersparen, durch ständige Umzüge entwurzelt zu werden, wie ich es in meiner Kindheit erfahren hatte. Daher war Stockholm all die Jahre unser festes Zuhause geblieben, was ich jedoch bis zu meinem Engagement in Stockholm aber nur selten sah. Als ich zum Orchester kam, befand es sich bereits auf einem herausragenden technischen Niveau. Es war sechs Jahre lang von Sergiu Celibidache gedrillt worden. Bis heute genieße ich es, für einzelne Konzerte zurückzukehren. Die Zeit mit diesem Orchester wurde die Krönung meiner Jahre in Schweden. Ein starkes Triumvirat, zu dem auch der Komponist Ingvar Lidholm gehörte, leitete das Orchester mit Kraft und Umsicht. Und es war schön, dass ich nun endlich wieder näher an meiner Familie war.

Und trotzdem haben Sie Ihren Vertrag als Chefdirigent auch in Stockholm vorzeitig aufgelöst. Was war der Auslöser?
Das Triumvirat, das mich engagiert hatte, war von einem anderen Leitungsteam hinausgedrängt worden. Ich fühlte mich von dieser neuen Leitung in meiner Autorität als Chefdirigent hintergangen. Es passierten unschöne Dinge. Einmal hatte man während meiner Abwesenheit in Dresden vertragswidrig und ohne mich zu informieren Probespiele abgehalten und hinter

meinem Rücken einen neuen Flötisten engagiert. Dann sollte eine Englandtournee ohne Rücksprache mit mir von dem Dirigenten Evgenij Svetlanov dirigiert werden. Das neue Management hatte offenbar gar kein Gespür dafür, was sich im Umgang mit dem Chefdirigenten gehört. Das veranlasste mich, den Vertrag vorzeitig zu lösen. Nach mir wurde Esa-Pekka Salonen Chefdirigent und das Verhältnis mit mir renkte sich wieder ein. Fünf Jahre nachdem ich gegangen war, kehrte ich zum ersten Mal wieder für ein Konzert zurück ans Pult des Schwedischen Radio-Symphonieorchesters. Und 2005 ernannte es mich sogar zu seinem Ehrendirigenten.

»DER KOMPONIST BLEIBT DIE ERSTE UND LETZTE AUTORITÄT«

BESUCH IN BENGTSTORP:
Über Werkanalyse, Interpretation und den Umgang mit Orchestern

Während seiner Sommerferien besuche ich Herbert Blomstedt im schwedischen Ort Bengtstorp bei Örebro, gute 200 Kilometer westlich von Stockholm in seinem Sommersitz. Das unmittelbar am See gelegene Haus stammt aus dem Besitz der Familie seiner Schwiegermutter, heute wohnt hier Herbert Blomstedts jüngste Tochter Kristina mit ihrem Mann und ihren beiden Töchtern. Bengtstorp besteht nur aus einigen wenigen Holzhäusern, die in dem für die Region typischen kupferfarbenen Falunrot angestrichen sind. Das Grundstück der Blomstedt-Familie liegt direkt an einem riesigen, einsamen See und nah am Wald, wo Blomstedt leidenschaftlich gerne Pilze sammelt. Es ist ein Idyll: Kristinas Pferde grasen auf der Koppel, der Garten steht in voller Blüte, Obstbäume und Beerensträucher biegen sich unter der Last ihrer Früchte. Am See gibt es einen kleinen Anlege- und Badesteg. Neben dem Haupthaus befindet sich noch ein weiteres Häuschen, eine sogenannte Sommerküche, wie man sie früher für die Bediensteten hatte. Die Sommerküche besteht aus einer Wohnstube, einer Schlafkammer, einer Küchenzeile und einem Bad. Alles ist aus Holz gebaut und sehr einfach gehalten. Der Blick aus dem Fenster geht auf den See. Hier wohnt Blomstedt im Sommer und bereitet sich auf die kommende Saison vor. Als ich ihn besuche, sind es vor allem Werke für die bevorstehende Festivaltournee mit dem Gewandhausorchester, auf die er sich vorbereitet. Vor uns auf dem Tisch liegen mehrere Partituren, darunter auch die 5. Symphonie von Beethoven.

Studieren Sie gerade Beethovens 5. Symphonie?
Ja, ich habe sie sicherlich zehn oder fünfzehn Jahre lang nicht mehr gespielt und werde sie jetzt beim Gewandhausorchester dirigieren. Wir arbeiten gerade an einer kompletten Neuaufnahme aller Beethoven-Symphonien. Daher analysiere ich nun die Partitur aufs Neue.

Das interessiert mich sehr, wie Sie sich einer Partitur annähern.
Ich zeige es Ihnen. Meine Methode geht auf die Art von Partituranalyse zurück, die ich von Igor Markevitch gelernt habe. Ich habe das Bedürfnis, alles Wesentliche über ein Werk zu wissen, wenn ich vor dem Orchester stehe. Man kann ja nicht pfuschen und nur in Melodien schwelgen.

Kann man auch.
(Lacht) Nein, man muss den ganzen Organismus des Werks im Kopf und im Körper haben. Um sich ein Werk so anzueignen, dass man darin lebt, muss man sehr genau wissen, wie es gebaut ist. In der Musik der Klassik und des Barocks heißt das zunächst, dass man den Periodenbau des Werks versteht.

> *Er schlägt die Partitur der 5. Beethoven-Symphonie auf, zeigt auf eine melodische Phrase der Streicher und singt sie vor. Dann wird gezählt, wo und wie oft diese Phrase wiederholt und wie sie abgewandelt wird. Die Wiener Klassik arbeitet mit Verkürzungen der Motive und der Phrasen. Im Laufe ihrer Wiederholung kann zum Beispiel eine viertaktige Phrase auf zwei Takte halbiert werden, wobei der Nachsatz zweimal wiederholt wird. Zugleich wandern Bestandteile der Phrase durch verschiedene Instrumentengruppen. Blomstedt hält diese Entwicklungen in Zahlenverhältnissen fest, die er am Rand der Partitur notiert.*

Nachdem man sich den Periodenbau der Form bewusst gemacht hat, kommen natürlich noch sehr viele andere Parameter hinzu, die analysiert werden müssen: die Instrumentation, die Melodik, die motivische Arbeit und so weiter. Mit dem Periodenbau fange ich an. Das funktioniert in dieser Weise in der Musik bis 1950. Auch die Werke von Arnold Schönberg kann man auf diese Weise analysieren, obwohl natürlich noch andere Aspekte hinzukommen. Aber hinsichtlich der thematischen Arbeit hat Schönberg noch komponiert wie Brahms. Nach 1950 hat man es dann mit Musik zu tun, die von Grund auf anders gebaut ist. Da muss man andere Methoden entwickeln.

In der Zufallsmusik von John Cage stößt man mit dieser Methode definitiv an eine Grenze. Kann man Cages Musik überhaupt methodisch analysieren?
Es gibt immer einen Zusammenhang in vernünftiger Musik. Den muss man entdecken. Darum geht es.

Blomstedt holt die Partitur des Orchesterstückes »Poesis« von Ingvar Lidholm hervor. Lidholm wurde 1921 im schwedischen Jönköping geboren, wo Blomstedt einige Kindheitsjahre verbrachte. Lidholm leitete das Sinfonieorchester von Örebro, wurde dann Chef der Kammermusikabteilung des Schwedischen Rundfunks und wirkte bis 1975 als Professor für Komposition an der Musikhochschule in Stockholm. Er zählt zu den von Blomstedt geschätzten nordischen Komponisten, deren Musik in Deutschland nahezu unbekannt ist.

Das ist eine Uraufführungspartitur, die über 50 Jahre alt ist. Ich werde dieses Stück demnächst in München spielen.

Er schlägt die Partitur auf und liest eine Widmung vor:

»Dieses ist Herberts Exemplar. Mit Dank für eine großartige Uraufführung, 14.1.1963, Ingvar Lidholm.« Die Partitur ist als Kopie von Lidholms Handschrift herausgebracht worden. Sie sehen, dass diese Notation ganz anders aussieht. Es gibt zum Beispiel gar keine Taktstriche. Es gibt sogar Passagen, in denen die Musiker völlig frei spielen müssen. Da muss man als Dirigent lediglich die Zeiten anzeigen und darf keinerlei rhythmische Impulse geben. Aber auch dieses Werk ist sehr genau organisiert.

Herbert Blomstedt geht die gesamte Partitur durch und erläutert singend und erklärend die Struktur des Stückes. Dabei demonstriert er zugleich auch, welche Zeichengebung das Orchester an welcher Stelle benötigt. Das Dirigieren erscheint in seiner Darstellung als eine sehr pragmatische Angelegenheit, die von der romantischen Vorstellung des genialischen Charismatikers weit entfernt ist. Zugleich sind seine analytischen Ausführungen jedoch so expressiv, dass das Stück plötzlich vor einem steht, als würde man es hören.

Was fasziniert Sie an Ingvar Lidholm?
Lidholm ist ein sehr originärer Komponist. Er schreibt nicht viel, aber jedes Stück ist ein Unikum. Er wiederholt sich überhaupt nicht, sondern komponiert immer ganz anders. Ich habe dieses Stück in den fünfziger Jahren zusammen mit Igor Strawinskys »Sacre du Printemps« und dem »Liebestod« aus Richard Wagners »Tristan und Isolde« gespielt. Von einem jungen Dirigenten will man so etwas hören, und nicht Beethovens Neunte. Die möchte man lieber von einem erfahrenen Dirigenten hören. Das Orchester hasste das Stück leider. Aber inzwischen ist das anders. Ich habe »Poesis« nun schon an verschiedenen Orten gespielt: in Leipzig, beim Concertgebouw in Amsterdam und vor zwei Jahren in Dresden. Dort war das Orchester ebenso begeistert wie das Publikum. Sogar die Kritiker sind immer angetan von Lidholms »Poesis«. Ich mache vorher immer eine kleine Einführung, dann hat das Publikum einen besseren Zugang zu dieser Musik. Obwohl das Stück schon fünfzig Jahre alt ist, klingt es moderner als viele der zeitgenössischen Werke. Und in all seiner Neuartigkeit ist es trotzdem ein sehr farbiges Stück. Das macht es zugänglich auch für ein Publikum, das keine Erfahrung mit Neuer Musik hat. Was ich damit demonstrieren wollte, ist, dass so ein modernes Stück natürlich eine andere Weise der Analyse herausfordert. Aber auch hier ergibt sich die Interpretation unmittelbar aus der Analyse. Die Interpretation ist

also nicht etwas, das der Komposition nachträglich übergestülpt wird. Die Interpretation resultiert unmittelbar daraus, wie man das Stück intellektuell und emotional erfasst. Jeder Dirigent empfindet das ja anders. Das macht es interessant. Es gibt so viele Möglichkeiten. Der Komponist aber bleibt für mich immer die erste und die letzte Autorität.

Wie viel von seinen musikalischen Vorstellungen kann der Dirigent überhaupt dem Orchester vermitteln?
Das variiert bei den verschiedenen Dirigenten sehr und es hängt stark von der Persönlichkeit des Dirigenten ab. Man darf nicht vergessen, dass man als Dirigent vor ein Orchester kommt, das dieses Werk vielleicht schon sehr viele Male gespielt hat. Jeder der Orchestermusiker hat also selber eine Vorstellung davon, wie es klingen soll. Darauf muss man aufbauen. Es hat keinen Sinn, das Orchester mit einer fertigen Konzeption zu konfrontieren. Man kann die Interpretation nur mit ihm zusammen gestalten. Ich empfinde mich als Dirigent auch ein wenig wie ein Quartettspieler. Ich habe als Dirigent zwar eine besondere Verantwortung, aber alles was ich tue, ist sinnlos ohne die Musiker. Ich weiß sehr zu schätzen, was die Musiker tun. Oft sind es Kleinigkeiten, die sie einem anbieten, eine kleine Verzögerung, ein kleiner Druck des Bogens. Diese Angebote muss man aufgreifen, damit die Kommunikation nicht *one way* verläuft.

Als Dirigent kommuniziert man vor allem nonverbal mit dem Orchester. Wie genau funktioniert das?
Das Körperliche, die Dirigiergestik baut natürlich auf der Technik auf, die man sich in jungen Jahren angeeignet hat. Das wird nicht studiert. Das kommt spontan. Es gibt zwar ein paar Bewegungen, die man als Student erlernen kann. Darauf aufbauend aber muss man selber eine Form des authentischen mimischen und gestischen Ausdrucks finden, die eine Entsprechung zu dem hat, was man hören will. Das Allermeiste davon muss man selbst entwickeln.

Hat Ihr Lehrer Markevitch seinen Schülern nicht eine grundlegende Technik vermittelt?
Tatsächlich hat Markevitch an eine Verbindlichkeit der Gesten geglaubt. Er dachte, dass er eine elementare Dirigiertechnik vermittelt, an die sich alle halten sollten. Man kann das bei allen Markevitch Schülern noch erkennen, wenn auch in sehr persönlichen Varianten, zum Beispiel bei Daniel Barenboim. Es stimmt schon, dass es eine Basis gibt. Andererseits gibt es berühmte Dirigenten, die sich überhaupt nicht daran halten. Von Markevitch haben wir gelernt, nicht mit beiden Händen parallel zu dirigieren. Das ist nämlich ganz sinnlos, denn die Musiker schauen nicht auf zwei Hände gleichzeitig.

Was ist das Wichtigste an einer dirigentischen Schlagtechnik?
Man muss als Dirigent genau wissen, wie es klingen soll, dann bekommt man es. Ich habe das oft in meinen Meisterkursen gemacht. Ich sage vorher nicht an, wie ich eine Stelle haben will und demonstriere den Dirigierschülern, dass das Orchester genau auf das reagiert, was es sieht. Denn viele Anfänger machen es umgekehrt. Sie geben ein Zeichen und dirigieren dann das, was herauskommt. Das ist ein verlockend einfacher Weg. Den Musikern gefällt das aber nicht. Die wollen von einem Dirigenten wissen, wo es hingeht.

Manch einer hat eine wenig präzise Schlagtechnik und ist doch ein großer Dirigent. Denken Sie an Wilhelm Furtwängler, der über kryptische Gesten und Laute mit dem Orchester kommuniziert hat.
Die Musiker hatten das akzeptiert, weil er ein magischer Musiker war. Da macht man gerne mit und erwartet nicht unbedingt eine kluge Ansage oder eine elegante Technik. Es wird auf einer anderen Ebene kommuniziert.

Von Werner Thärichen, dem ehemaligen Solo-Pauker der Berliner Philharmoniker, stammt die Anekdote, dass sich der Klang des Orchesters einmal schlagartig veränderte, als Furtwängler während einer Probe, die eigentlich Herbert

von Karajan leitete, am hintersten Ende des Saales zur Tür hereintrat. Ist das Mythos oder Wahrheit?
Darin steckt sicher ein Funke Wahrheit. Es geht dabei um Atmosphäre und Konzentration. Furtwängler war über die Maßen flexibel. Er machte Dehnungen und plötzliche Temposchwankungen. Aber er hatte ein Konzept des musikalisches Dramas, das im Werk steckt. Das machte seine Faszination aus. Man verliert bei ihm zwar manchmal die Linie. Aber die Aussage eines jeden dramatischen Moments ist phänomenal. Ich erinnere mich an eine Vorlesung von Markevitch, in der er Interpretationen der Beethovenschen »Egmont«-Ouvertüre von Toscanini und Furtwängler miteinander verglich. Diese beiden Dirigenten lagen so weit auseinander, dass die Unterschiede ganz offensichtlich wurden. Toscanini hatte eine absolut eindeutige Schlagtechnik. Bei ihm klang der Anfang der Ouvertüre gestochen präzise und klar. Furtwängler machte eine undefinierbare Geste und erzeugte so am Anfang der Ouvertüre einen vagen, indirekten, verschleierten Klang. Er wollte es so.

Man muss sich also in jedem Moment der Aufführung genau überlegen, was für Zeichen das Orchester braucht?
Das Orchester braucht vor allem geistige Energie. Es braucht auch rhythmische Impulse, aber viel weniger, als man vielleicht denkt. Denn Musiker haben auch Ohren und es ist gut, wenn man sie herausfordert. Das Ohr reagiert viel exakter als alles, was man sieht. Das Ohr ist enorm sensibel. Es registriert blitzschnell die kleinsten Abweichungen und ein guter Musiker justiert sie sofort. Das ist mirakulös, was da möglich ist. Trotzdem brauchen die Musiker natürlich gewisse Zeichen. Wenn es jedoch zu viele sind, lenkt sie das eher ab. Im Extremfall denken sie dann: Lass den da vorne doch fuchteln, wir spielen ohnehin, was wir wollen. Wenn es aber vor allem eine geistige Energie ist, die von Dirigenten ausgeht, wenn sie also merken, da ist ein Wille, ein Konzept, dann folgen sie sehr gerne. Ich bewundere oft, wie schnell sie sich einfühlen können. Der Dirigent kann sich unter Umständen Jahre auf ein Programm vorbereiten, wenn er will. Die Musiker aber können das nicht. Sie spielen jede Woche ein

neues Programm und müssen sehr schnell begreifen, worum es geht.

Was sagen Sie Ihren Schülern auf die Frage, welche Eigenschaften sie mitbringen müssen, um ein guter Dirigent werden zu können?

Man muss ein guter Musiker sein. Ein guter Musiker ist nicht nur einer, der sich rhythmisch und melodisch gut ausdrücken kann, sondern vor allem auch einer, der gut hört und der nicht mit vorgefassten Meinungen an ein Werk geht. Der Dirigent ist der erste Hörer. Er hört die Musik zuallererst in seiner Vorstellung und danach hört er den Klang des Orchesters. Tatsächlich hört er die Musik auch im physikalischen Sinne als Erster, das heißt, bevor das Publikum sie hört. Dabei geht es natürlich nur um minimalste Abweichungen. Zwischen Orchester und Dirigent fließen die Informationen blitzschnell hin und her und dies alles landet beim Hörer. So wird ein Konzert zu einem einzigartigen, unwiederholbaren Erlebnis. Das funktioniert aber nur, wenn man die Begrenzungen des selektiven Hörens überwinden kann.

Was meinen Sie mit selektivem Hören?

Es gab in Amerika ein berühmtes psychologisches Experiment zur selektiven Wahrnehmung. Die Probanden sahen einen Film mit einem Ballspiel. Das eine Team war weiß gekleidet, das andere schwarz. Die Aufgabe bestand darin zu zählen, wie oft das weiße Team den Ball hat und wie oft das schwarze. Als nach dem Ergebnis gefragt wurde, lagen die Probanden meistens richtig mit ihrer Zählung. Dann kam die Frage, wie oft der Gorilla-Mann im Bild zu sehen war? Dann herrschte großes Erstaunen: Einen Gorilla-Mann hatte keiner der Versuchspersonen gesehen. Daraufhin wurde der Film noch einmal gezeigt, und nun war es nicht zu übersehen, dass ein als Gorilla verkleideter Mann mitten durchs Bild lief, in der Mitte stehen blieb und sich einmal auf die Brust trommelte. Da die Probanden auf das Zählen fokussiert waren, haben sie ihn vollständig übersehen. Das ist ein sehr interessantes Experiment, weil es zeigt, wie selektiv man sieht. Genauso selektiv hört man auch. Hier fällt einem eine schöne Melodie auf, dort ein Klarinettensolo. Und was sonst passiert, das bekommt man gar nicht mit. Daher muss man beim Partiturstudium wirklich jedes Detail, das zum Stück beiträgt, erkennen und kennen, denn nur dann kann man es auch hören. Was der Dirigent nicht hört, kann auch das Publikum nicht hören.

Wieviel Psychologie gehört zur Orchesterarbeit?
Ich glaube, das Psychologische ist beim Proben sehr wichtig. Besonders geht es um Fragen der Authentizität. Jeder Mensch hat einen Instinkt dafür, ob etwas echt ist oder vorgetäuscht. Aber ich glaube, Musiker sind durch ihr Training besonders empfindlich in dieser Hinsicht. Das macht sie nicht zu besseren Menschen, aber sie registrieren mehr. Auch jede Verstellung beim Spielen wird von einem richtigen Musiker als sehr schlimm empfunden. Wenn ein Dirigent nur zeigen will, wie tüchtig er ist oder wieviel Temperament er hat, das Ganze aber in der Musik nicht begründet ist, dann wirkt es nur aufgesetzt. Und das schmeckt widerlich.

Meinen Sie, diese Sensibilität lässt sich auch auf das alltägliche Leben übertragen? Können gute Musiker an der Intonation eines Menschen leichter erkennen, ob er ehrlich ist oder sich verstellt?
Ja, das denke ich. Aber man sollte nicht überheblich werden deswegen. Es ist kein Automatismus.

Es gibt Beispiele von Musikern, die sehr manieriert oder aufgesetzt musizieren und trotzdem einen Riesenerfolg haben.
Das liegt daran, dass das Plakative auch von den unsensibelsten Menschen leicht registriert wird. Das gefällt mir natürlich nicht. Aber ich möchte immer glauben, dass diese Musiker damit wenigstens einen Einstieg zu seriöseren Interpretationen bieten. Im Orchester aber funktioniert so etwas nicht. Denn das Verhältnis zwischen Orchester und Dirigent ist voller Zwischen-

töne und sehr fragil. Ich glaube, als Dirigent zieht man sich vor dem Orchester völlig aus. Entscheidend ist, dass man auf das reagiert, was man gehört hat und nicht etwas sagt, was man sich zuhause ausgedacht hat. Aber selbst dann muss man klug reagieren. Wenn ein Musiker einen Ton zu hoch gespielt hat, muss man das nicht kommentieren. Den Fehler hört er schließlich selber und er ist ihm meist nur aus Versehen passiert.

Ich höre immer wieder, dass Orchestermusiker ohnehin schnell das Interesse verlieren, wenn der Dirigent zu viel redet. Musiker wollen spielen, nicht diskutieren. Entspricht das Ihrer Erfahrung?
Man sollte nur wesentliche Dinge sagen. Etwas, das sie konkret umsetzen und verarbeiten können. Ich glaube, in früheren Zeiten waren die Dirigenten blumiger. Mein Lehrer Tor Mann zum Beispiel hat immer kurze, aber blumige Ansagen gegeben. Das liebte das Orchester. In Glücksfällen kann es passieren, dass ein paar Worte ausreichen, um die Fantasie anzufeuern. Aber ich liebe eher ganz konkrete, technische Ansagen. Wenn die richtig sind, dann kommt das andere von alleine. Am besten sollte man die Musiker sowieso erst einmal fünf oder zehn Minuten spielen lassen, bevor man abklopft, und man sollte nicht jeden Punkt einzeln korrigieren. Sonst kommt das Orchester ins Stottern und die Konzentration geht verloren. Ein brutales Beispiel dafür habe ich am Anfang meiner Zeit in Leipzig erlebt. Es gab damals einen philharmonischen Chor, der aus Amateuren bestand, die ehrenamtlich arbeiteten. Das ist eine wunderbare Angelegenheit, aber nur, wenn man einen guten Chorleiter hat. Sie wollten ihren Leiter jedoch loswerden und ich konnte verstehen warum, nachdem ich eine Probe erlebt hatte. Sie sangen einen Bach-Choral und der Chorleiter brach nach jedem zweiten Takt ab. »Das ist ein fis«, hörte man ihn dann schreien, und er sang es vor. Nach weiteren zwei Takten brach er wieder ab, schrie etwas und sang vor. Das konnte man nicht aushalten. Die Choristen kamen überhaupt nicht zum Musizieren. Dabei brauchen gerade Amateure das Gefühl, etwas zu schaffen, zu gestalten. So wichtig die richtige Tonhöhe ist, sie ist etwas, das man in

einem Nebensatz erwähnen kann. Und man darf die Musiker niemals beschimpfen. Einem sensiblen Musiker kann das den ganzen Tag zerstören. Es ist auch unnötig. Denn wenn die Musiker merken, dass man hört, was sie tun, werden sie von selbst aufmerksam sein und ihr Bestes anbieten. Die Kunst des Probierens ist mehr als alles andere Erfahrungssache. Niemand hat am Anfang Erfahrung. Wenn im Verhältnis von Orchester und Dirigent etwas schiefgelaufen ist, kann man das nur durch das Spielen von Neuer Musik retten. Denn Neue Musik ist für alle neu und die Musiker sind dankbar, wenn sie gezeigt bekommen, wie sie das spielen sollen. Da sind alle gleich. Es ist viel leichter, ein modernes Stück zu dirigieren als einen Klassiker. Ich habe früher viel Zeitgenössisches gemacht. Aber ich finde, das können jetzt andere machen.

Haben Sie nach all den Jahren noch Lampenfieber?
Ein Freund von mir in Stockholm, der dort einer der besten Musikkritiker ist, sagte einmal zu mir: »Inzwischen brauchst Du Dich doch nur vors Orchester zu stellen und sofort spielen sie gut.« Das ist natürlich sehr schmeichelhaft, aber nicht wahr. Die Angst, nicht gut genug vorbereitet zu sein, geht nie weg, die habe ich immer. Die Anforderung ist so groß, es kann immer Überraschungen geben, die man nicht vorausgesehen hat. Wenn die erste Probe eines neuen Programms gut gelaufen ist, habe ich immer ein Gefühl der Erleichterung.

Das klingt fast, als sei die Anspannung vor der ersten Probe größer als die vor dem Konzert?
Sie ist viel größer. Schon vor der Generalprobe ist die Arbeit eigentlich gemacht. Die Generalprobe ist wie ein Konzert, doch im Konzert kommt immer noch etwas dazu. Das ist sehr spannend. Aber die Proben müssen hundertprozentig sitzen und erarbeitet werden. Was im Konzert oder manchmal auch schon in der Generalprobe dazukommt, empfinde ich als ein Geschenk. Es bleibt immer ein Mirakel. Meistens habe ich hervorragende Musiker, die meine Erwartungen noch übertreffen.

Worin besteht dieses Mirakel? Was muss passieren, damit aus einer gelungenen Aufführung eine außeralltägliche Erfahrung wird?

Je tiefer und genauer man ins Detail hören kann, desto reicher wird eine Interpretation. Das Schöne in der Musik ist ja, dass man in einem einzigen Takt viele verschiedene Gefühlslagen auf einmal ausdrücken kann. Unten ist es dunkel und oben hell, hier warm, dort drohend. Musik kann das alles auf einmal ausdrücken. Dieser Reichtum kann im Konzert noch einmal ein Eigenleben entwickeln, wenn man vorher akribisch geprobt hat. Dann öffnen sich noch einmal neue Dimensionen.

Dass die Musik viele Bedeutungsspuren auf einmal legen kann, ist ihr Vorteil gegenüber der Sprache. Aber man muss den Wunsch und auch das Gespür haben, das zu entdecken. Denn wörtliche Bedeutungen gibt es nicht.

Die Musik hat einen Mitteilungscharakter und eine Aussage. Der Komponist hat ja nicht nur zum Spaß vor sich hin gebastelt, sondern er will etwas sagen. Das kann sehr abstrakt sein, aber die Aussage existiert. Und sie hat immer einen Bezug zum Menschen, zu seinem Kopf und zu seinem Herzen. In der Musik sieht man wie durch ein Fernglas auf einen Teil des Lebens. Alles was erklingt, hat eine Entsprechung im Leben. Ich glaube auch, die Musiker können die Musik nur dann angemessen zum Klingen bringen, wenn sie eine entsprechende Lebenserfahrung haben. Wie soll man einen seelischen Schmerz in Musik ausdrücken, wenn man so etwas noch nie empfunden hat? Ohne Lebenserfahrung kann man nur die Noten spielen, aber nicht, was dahinter steckt. Das ist sehr mysteriös, so vieldeutig, man kann es nicht definieren. Was die Mehrdeutigkeit eines Werks betrifft, kommen schließlich auch noch die 2000 Hörer im Saal dazu, die das Werk auch wieder jeweils ganz anders hören, je nach dem persönlichen *Background*. Es ist für mich auch sehr interessant zu erfahren, wie sie die Werke empfunden haben. Manchmal höre ich ja etwas, wenn jemand zu mir ins Dirigentenzimmer kommt nach dem Konzert.

Wenn die Musik eine Aussage hat, kann es dann auch eine falsche Interpretation von einem Werk geben?
Ja, aber es gibt keine klaren Grenzen.

Natürlich nicht. Ich meine nur, dass jeder Dirigent eine andere Perspektive hat. Aber diese Perspektive ist doch keine reine Geschmackssache, sie ist nicht allein dem subjektiven Belieben des Dirigenten oder des Zuhörers überlassen.
Nein, in den meisten Fällen gibt es doch einen gemeinsamen Nenner. Es gibt natürlich sehr viele Varianten. Aufführungen, die an ein totales Missverständnis grenzen, sind aber eher selten. Was man oft vermissen kann, sind die feineren Nuancen.

Der Ausdruckssinn der Musik bleibt also sehr offen. Denn sie besteht nur aus Schall, sie verläuft ungreifbar und flüchtig in der Zeit, man kann sie nicht festhalten.
Die Musik ist die geistigste aller Künste. Ihr Geistiges kommt in der Instrumentalmusik noch mehr zum Vorschein als in der Vokalmusik, wo das Wort immer auch ein bisschen ablenkt. In der Instrumentalmusik steht eine Melodie für ein selbständiges Wesen. Jeder kann sich damit identifizieren, ganz unabhängig von Sprache und von Bildung. Die Instrumentalmusik steckt auch voller Drama. Musik ist eine universelle Sprache. Manchmal fürchte ich jedoch, dass zunehmend weniger Menschen sie verstehen – je bildungsferner unsere Gesellschaft wird. Mit der künstlerischen Bildung geht es ja bergab. Die Kinder singen nicht mehr in der Schule, es gibt kaum noch Musikunterricht, Musikschulen schließen und so nach und nach fällt alles weg, was nicht unmittelbar einen Nützlichkeitswert unter Beweis stellen kann. Dadurch verkümmern die ästhetischen Fähigkeiten.

Natürlich ist das Publikum auf einem anderen Stand als vor hundert Jahren, als zum Beispiel die bürgerliche Hausmusik noch eine Selbstverständlichkeit war. Aber das bedeutet doch nicht, dass die Menschen weniger musikalisch sind. Wieviel musikalische Bildung ist Ihrer Meinung nach notwendig, um die großen Werke zu verstehen?

Ich glaube, man braucht überhaupt keine Vorbildung, man muss nur offen sein. Und dann muss jeder in sich diese Fähigkeit selbst weiter entwickeln. Man kann überall anfangen. Man kann überwältigt sein von einem Klangrausch oder vom Empfinden einer schönen Melodie. Wenn man davon gefesselt wird, wird man das Verlangen haben, mehr zu hören, und je mehr man hört, desto mehr wird man registrieren, desto tiefer wird man hineinhören in ein Werk. In dieser Hinsicht bin ich gar nicht pessimistisch. Diese Fähigkeiten können nicht grundsätzlich verloren gehen. Aber sie müssen auch gepflegt werden, sogar von den Begabtesten. Es gibt einen sehr kleinen Prozentsatz von Menschen, die wirklich dysmusisch sind, also tontaub. Das ist eine Krankheit, bei der Menschen weder Metrum noch Melodik empfinden können. Aber die meisten Menschen haben diese Ausrüstung. Die Tragik unserer Zeit besteht darin, dass die Kinder oft weder von den Eltern noch in der Schule ermutigt werden, ihre musikalischen Fähigkeiten zu entwickeln. Die Popkultur ist so laut, dass sie die leiseren Stimmen, die im Innersten der Seele sind, übertönt. In einer extremen Krisensituation merkt man dann vielleicht, dass das Leben in dieser lauten Oberflächenkultur nicht aufgeht. Dann ist man in großen Schwierigkeiten.

Aber die Musik kann gerade in solchen Situationen kathartisch wirken. Sie kann sehr grausame und abgründige Dinge ausdrücken. Aber allein durch die sinnvolle Gestaltung dieser Gehalte, durch die Gelungenheit der Form, die dem Schrecklichen eine in sich stimmige Gestalt verleiht, hat sie auch eine immense tröstende Kraft.
Ja, da fällt mir sofort die »Elektra« von Richard Strauss ein. Das ist eine Oper voller Entsetzen, und doch ist es ein großes Werk. Und so wirkt die Musik dann insgesamt doch befreiend. Man kann die schlimmsten Erlebnisse des Lebens am Ende wie eine Erlösung empfinden.

Das Tragische wird nicht geleugnet, aber es wird gestaltet, es bekommt einen Namen. Allein schon dadurch verliert es seinen Schrecken.
Ich glaube, die Katharsis rührt eher aus Erleichterung darüber her, dass es nur in der Musik geschieht, während man selber noch lebt. Es gibt diesen Spruch vom Schriftsteller und ehemaligen tschechischen Staatspräsidenten Václav Havel: »Hoffnung ist nicht die Überzeugung, dass etwas gut ausgeht, sondern die Gewissheit, dass etwas Sinn hat, egal wie es ausgeht.« Ähnlich ist das auch in der Musik. Eine Symphonie muss nicht unbedingt gut ausgehen, aber sie muss das Gefühl vermitteln, es hatte einen Sinn. Umgekehrt gilt es auch: Musik, in der man keinen Sinn entdecken kann, bricht uns auseinander. Sie hat etwas Zynisches.
Von den Künsten ist die Musik die direkteste. Man kann Bilder und Gebäude anschauen und Literatur lesen. Auch das evoziert einen Eindruck vor unserem inneren Auge, aber die Musik berührt uns doch direkter. Sie weckt sofort eine emotionale Reaktion. Beispielsweise kann ich den zweiten Satz von Schuberts Streichquintett nicht hören ohne zu weinen.

Das Emotionale ist aber nur die eine Seite der Musik. Auf der anderen Seite bewegen sich ihre Gesetze nah an der Mathematik. Wie sehen Sie das Verhältnis von Gefühl und Verstand in der Musik?
Die Emotion ist oft das Wichtigste. Der Verstand ist natürlich notwendig, um uns unsere Grenzen aufzuzeigen. Der Intellekt muss immer steuern. Aber ohne die emotionale Seite ist er tot.

Die unkontrollierte Emotion hat im Menschen aber auch schon furchtbare Sachen hervorgebracht. Und leider trifft auch das alte Sprichwort nicht zu, dass böse Menschen keine Lieder haben würden. Die Geschichte hat gezeigt, dass man zugleich ein sensibler Musikliebhaber und ein Massenmörder sein kann.
Es muss im Verhältnis von Gefühl und Verstand eine Balance geben. Diese Kombination macht den Menschen aus. Ich glaube,

auch Tiere haben Emotionen. Ein Hund hat ganz sicher Emotionen und er hat auch ein bisschen Hundeverstand. Der Mensch ist ein Unikum, was das Zusammenspiel betrifft. Wenn die Balance nicht stimmt, sind wir unglücklich.

Oder wir machen andere unglücklich.
Die Spannbreite unter den Dirigenten reicht vom trockenen Taktzähler bis hin zum schwelgerischen Emotionalisten. Wo sehen Sie sich auf dieser Skala?
Strawinsky sagte »Bitte keine Emotionen«. Es gibt eine Zeichnung von Jean Cocteau, da dirigiert Strawinsky nicht, sondern hält dem Orchester ein Metronom hin. Ich bemühe mich um eine Balance von beidem.

Kann man denn jemals zu einem abschließenden Resultat kommen in der musikalischen Arbeit?
Nein, grundsätzlich nicht. Man wird nie fertig mit dem Analysieren, Erschließen und Proben eines Werks. Aber die Arbeit muss irgendwann abgebrochen werden, damit man ein Konzert geben kann. Fertig wird das nie. Das ist in jeder künstlerischen Arbeit so. Nehmen Sie einen Maler: Der muss das Bild auch einfach irgendwann nehmen und in die Galerie bringen. Und man entdeckt auch immer wieder Neues. Seitdem es zum Beispiel die kritischen Partiturausgaben gibt, hat sich die Sicht auf viele Werke von Bruckner und Beethoven verändert. Für mich gilt immer, dass der Text, also die Partitur heilig ist.

So wie ein Bibeltext? Hängt Ihr künstlerisches Ethos mit Ihrem Glauben zusammen?
Ja, wahrscheinlich. Wir können die meisten Komponisten nicht mehr fragen, wie sie eine bestimmte Stelle gemeint haben. Also müssen wir ihre Notentexte akzeptieren und versuchen zu verstehen. Wenn Beethoven zum Beispiel ein sogenanntes unmögliches Tempo verlangt, muss man sich fragen, ob er das nicht vielleicht doch so gemeint hat. Es geht nicht, einfach die eigene Perspektive auf das Werk umzusetzen. Man muss versuchen, Beethovens Gedanken zu lesen. Bibeltexte sind ebenbürtig, weil

auch sie so vielschichtig sind. Das Meiste in der Bibel ist doch Poesie. Lauter Prosagedichte. Musikalische Werke sind ein wenig wie wir Menschen auch sind. Wie wir heute sind, das ist das Ergebnis einer langen Entwicklung, von Keimen, die gewachsen sind oder eben nicht gewachsen sind. Ich finde es enorm interessant, wie sich ein Wesen entwickelt. Es bleibt doch ein Wunder, dass jeder Mensch ganz anders ist. Je älter ich werde, desto faszinierender finde ich auch die Menschen im Orchester. Ich betrachte Musiker nicht als ein Mittel zu Zweck, sondern es reizt mich, sie als Menschen zu beobachten und zu verstehen. Es schlummern mysteriöse Fähigkeiten in den Musikern, Fähigkeiten, die ich nicht habe, und die man hervorkitzeln kann. Etwas Geheimnisvolles. Man sollte sie ein bisschen behandeln wie Engel. Sie sind Botschafter von etwas Göttlichem. Da stimme ich ausnahmsweise einmal mit dem Dirigenten Nikolaus Harnoncourt überein. Er sagte einmal, die Musik sei die Nabelschnur, die uns mit Gott verbinde. Das ist eine wunderbare Metapher.

»SELBSTZWEIFEL BEGLEITEN MICH **IMMER**«

AUF TOURNEE MIT DEM GEWANDHAUSORCHESTER: Die Verantwortung des Künstlers, seine Mission

Eine Woche lang begleite ich Herbert Blomstedt auf seiner Tournee mit dem Gewandhausorchester. Die Reise geht von Leipzig aus zum Edinburgh Festival, weiter zu den London Proms, nach Rotterdam, zu den Salzburger Festspielen und zum Lucerne Festival. Gespielt werden im Wechsel zwei Programme. Das eine kombiniert Bachs Violinkonzert E-Dur mit der 5. Symphonie von Anton Bruckner, das andere die Leonoren-Ouvertüre Nr. 2 und das 5. Klavierkonzert von Ludwig van Beethoven mit der 3. Symphonie von Felix Mendelssohn. Es sind großartige Konzerte, die jedes Mal auch vom Publikum bejubelt werden. Zum Niveau der Konzerte tragen auch die Solisten bei. Vor allem dem fabelhaften, aus Ungarn stammenden Pianisten Sir András Schiff gelingen in Beethovens Klavierkonzert schier magische Momente. Schiff wird auf der Reise von seiner Frau, der japanischen Geigerin Yūko Shiokawa, begleitet. Als Solisten des Bach-Violinkonzerts wechseln sich der in Österreich lebende Geiger Julian Rachlin und die junge, hoch sensible norwegische Geigerin Vilde Frang ab. Die Reise eröffnet eine Fülle an Gesprächsgelegenheiten. Wir unterhalten uns im Flugzeug und in der Limousine, in den diversen Hotellobbys, Dirigentenzimmern und Sälen, in einer kleinen Pizzeria im Londoner Stadtteil Kensington und in der Wartelounge des Flughafens. Blomstedt sprüht vor Energie. Müdigkeit scheint er nicht zu kennen. Vor, nach und zwischen den Konzerten und den Anspielproben wird jede Minute für Gespräche genutzt.

Wir haben schon darüber gesprochen, dass Sie den Werken gegenüber eine große Verantwortung empfinden. Wie ist es mit dem Publikum? Hat man als Künstler auch eine Verantwortung dem Publikum gegenüber?
Unbedingt. Man hat Verpflichtungen und man muss das Publikum auch erziehen. Das muss man natürlich behutsam machen, nicht mit dem Stock. Das ist vielleicht ein bisschen mein missionarischer Hintergrund und Geist. Ich habe mich immer berufen gefühlt, das zu machen, was andere nicht machen.

Und was genau war das?
Am Anfang meiner Laufbahn war es auch die Neue Musik, für ich die gekämpft habe. Als ich jung war gab es viele Widerstände. Heute ist das anders. Das hängt auch damit zusammen, dass die Musik der fünfziger und sechziger Jahre viel zerebraler war als das, was heute komponiert wird. Aus meiner Sicht war das eine sehr interessante Zeit, aber die Musiker empfanden das anders. In Oslo geschah es, kurz nachdem ich weggegangen war, dass sich das Orchester weigerte, eine neueres Werk des polnischen Komponisten Henryk Górecki zu spielen, »Canti strumentali II« für fünfzehn Instrumente. Das muss 1968 gewesen sein. Es gab einen großen Skandal. Die Musiker empfanden diese Musik als verletzend, weil es viel Geräuschhaftes darin gab, Kratzen, Jaulen, Glissandi und so weiter. Das war das Gegenteil von allem, was sie auf der Musikhochschule gelernt hatten. Sie streikten. Es gab sogar eine Fernsehdebatte dazu, zu der man neben dem Konzertmeister und einem Orchestervorstand für die Gegenseite den Komponisten Arne Nordheim, der die Abteilung Neue Musik beim Rundfunk leitete, und mich eingeladen hatte. Das Argument der Musiker war, für diese Sorte Musik seien sie nicht ausgebildet. Aber in dieser Diskussion stand das Orchester nicht sehr gut da. Wahr ist natürlich, dass man die Musiker darauf hätte besser vorbereiten müssen. Ich habe ein neues Werk immer so behandelt, als sei es das beste der Welt. Auch vor dem Orchester. Wenn die Musiker merken, dass der Dirigent das Werk ernst nimmt, dann tun sie es auch.

So ein Skandal hat aus heutiger Sicht beinahe etwas Anrührendes. Immerhin wurde die Angelegenheit als so wichtig empfunden, dass sie eine Fernsehdebatte auslösen konnte. Das wäre heute ebenso undenkbar wie die Weigerung des Orchesters.
Heute spielen alle Orchester Neue Musik. Auf diesem Gebiet brauche ich nicht mehr zu kämpfen. Aber ich empfinde es nach wie vor als meine Mission, die Musik, die ich für die beste halte, bekannt zu machen. Ich habe früher auch manchmal versucht, die schlechte Musik schlecht zu machen. Aber solche Warnungen führen zu nichts. Als Student und als Teenager war ich sehr scharf und apodiktisch in Fragen der künstlerischen Qualität. Da war ich wie ein Berserker, besonders wenn noch die religiöse Ebene hinzukam. Ich habe über billige und sentimentale Musik gehetzt. Auch was heute in vielen Gottesdiensten gesungen wird, ist zum Teil furchtbar oberflächlich und hat dazu noch infantile Texte. Dabei gibt es so wunderbare geistliche Musik.

Vielleicht braucht man so eine radikale Phase in der Entwicklung, damit man seine Position finden und schärfen kann?
Das mag sein. Aber heute denke ich eher, dass man auch sehr offen sein sollte. Ich erkenne heute, dass die Musik auf sehr verschiedenen Ebenen Freude geben kann. Mein Weg ist nicht der allein selig machende. Und vor allem denke ich heute, die Menschen müssen das selbst entdecken. Auch im Konzertbereich: Die Musik, die ich nicht so liebe, können andere spielen. Ich kenne auch meine Grenzen. Ich habe zum Beispiel nie eine Note von George Gershwin gespielt. Das ist nicht meine Welt, auch wenn es gut gemacht ist.
Aber wenn ich die Anbetung der Popmusik sehe, mache ich mir Sorgen darum, wie es mit unserer Kultur weitergehen soll. Ich empfinde diese Musik als destruktiv. Und natürlich empfinde ich es als meine Mission, etwas dagegen zu setzen. Aber nicht, indem ich versuche, die Leute davon zu überzeugen, wie schlecht das ist, sondern indem ich ihnen zeige, was es an Gutem gibt, welchen Reichtum sie stattdessen entdecken könnten. Es ent-

geht ihnen doch so viel. Aber jeder muss das selbst entdecken. In dieser Hinsicht habe ich aufgehört zu kämpfen. Stattdessen versuche ich, Proselyten zu gewinnen für das Gute.

Haben Sie schon welche gewonnen?
Ja, das hoffe ich doch. In Dresden spielte ich 2008 auf einer Konzerttournee mit dem Gustav Mahler Jugendorchester Bruckners 5. Symphonie. Da reagierte ein Rockmusiker in seinem Blog im Internet auf eine Weise, die mich sehr erstaunte und mir Hoffnung gab. Sein Blog heißt »shit fucking car«. Und darin schrieb er, diese Musik würde plötzlich sein Leben mit Sinn füllen. Er war völlig überwältigt von dem Konzerterlebnis. Ich habe mir noch eine Kopie davon aufgehoben, die habe ich Ihnen mitgebracht.

Herbert Blomstedt steht auf, um diesen Ausdruck zu holen.

Sehen Sie selbst, er schreibt, es war für ihn, als ob die Himmel offen stehen würden. Er konnte die Tränen nicht zurückhalten, das Herz blutete ihm. Und er schreibt, er ärgere sich, dass er nicht jeden, den er kennt, mitgenommen habe zu diesem Konzert. Das ist doch wirklich erstaunlich.
Ein anderes Erlebnis hatte ich, als ich mit dem NDR-Sinfonieorchester nach Japan reiste. Wir spielten in Kanagawa ein Brahms-Programm. Danach wurde ich, wie es in Japan üblich ist, lange von Autogrammjägern aufgehalten. Ich kam spät ins Hotel und da stand noch ein Mensch, der mich sprechen wollte. Er sagte etwas Ähnliches wie der Blogger: Er habe vorher nur Rockmusik gekannt und sei jetzt ganz begeistert und überwältigt. Ich weiß noch, dass er schwärmte, in dieser Musik stecke ja die ganze Seele. Wenn man so etwas hört, dann weiß man, dass man eine Mission hat. Aber man muss natürlich auch vorsichtig vorgehen. Das gilt auch für die Religion. Ich bin ein sehr überzeugter Christ, aber ich gehe nicht herum und fange an, die Menschen bekehren zu wollen. Das passt mir gar nicht. Wenn jemand Christ werden will, dann muss er das aus eigener Überzeugung tun und selber herausfinden, ob das gut ist für ihn. Jede Form der Propaganda ist mir verhasst.

Ihr Vater war Prediger und Missionar. Wie standen Sie zu seinen Einstellungen?

Mein Vater hat als Adventist seinen Glauben weitergegeben. Er war überzeugt davon, dass nur die Adventisten im Besitz der ganzen Wahrheit seien. So ist das in jeder freikirchlichen Gemeinde. Wenn die Gemeindemitglieder das nicht glauben würden, würden die Freikirchen nicht existieren. Aber ich finde, das muss man ein bisschen relativieren, denn es gibt doch ganz offenbar auch sehr viele vernünftige Leute in der Welt, die anderes glauben. Trotzdem habe ich meinen Vater sehr bewundert, weil er seinen Glauben so konsequent gelebt hat. Und er war nicht richtend oder verurteilend. Ich erinnere mich an eine Karikatur, auf der ein Pfarrer vor seiner Kirche zu sehen ist. Die Menschen strömen aus seiner Kirche und er ruft ihnen hinterher: »Schönen Gruß an die Hölle!«. So war mein Vater nicht. Mein Grundprinzip bleibt, dass ich selber in der Musik ein Beispiel setzen muss. Wenn man an etwas glaubt, dann zeigt man das: »Hören Sie mal, klingt das nicht schön?« Das sagt man natürlich nicht, man spielt es so.

Heißt das, Sie wählen Ihr Repertoire nicht allein nach Ihren künstlerischen Vorlieben, sondern auch aus diesem Verantwortungsgefühl heraus? Denken Sie darüber nach, welche Musik an welchen Ort notwendig ist?

Ja. Man muss schauen, was das Publikum braucht und was gut für das Orchester ist. Als ich damals nach Leipzig ging, brauchte das Gewandhausorchester zum Beispiel weniger Brahms, Bruckner und Tschaikowsky, aber dafür mehr Haydn und Mozart. Ich habe in Leipzig auch Sibelius und Nielsen gespielt. Erstens weil das weitgehend unbekannt war. Und zweitens, ganz pragmatisch, weil ich dieses Repertoire schon studiert hatte, damit ich nicht alles von Grund auf neu erarbeiten muss. Außerdem breche ich in Leipzig gerne eine Lanze für Max Reger, denn er ist Teil der Musikgeschichte dieser Stadt. Reger wurde in Leipzig zum Universitätsmusikdirektor berufen und er war von 1907 an bis zum Ende seines Lebens Professor am Königlichen Konservatorium in Leipzig. Aber Reger gehört

natürlich nicht zu den Publikumslieblingen. Das ist schwierige Musik, aber sie ist auch sehr schön, wenn man sie angemessen spielt.
Man muss sein Repertoire möglichst sinnvoll aufbauen: offen sein, lernen, die Türen nicht zuzuschließen, aber doch Entscheidungen treffen. Das gleicht einem ausgewogenen Ernährungsplan: Man braucht eine gute Basis, aber auch Neuigkeiten, um den Horizont zu erweitern. Man muss vielseitig sein, aber nicht zu sehr, denn sonst wird man flach und kommt nicht in die Tiefe. Ich versuche immer, eine Balance zu finden, und diese Strategie hat bei mir zu einem großen Repertoire geführt.

Gab es auch negative Erfahrungen? Haben Sie erlebt, dass Werke vom Publikum gar nicht angenommen wurden?
Mit dem Publikum gab es eher keine negativen Erfahrungen. Aber vor zwanzig Jahren habe ich einmal mitbekommen, wie stark die Vorurteile gegen Sibelius in Deutschland noch waren. Das war vermutlich der Einfluss des deutschen Musikphilosophen Theodor W. Adorno. Ich spielte damals mit den Münchner Philharmonikern die 4. Symphonie von Sibelius. Nach dem Konzert las ich das Programmheft und bin fast verzweifelt. Es gab drei Artikel von drei verschiedenen Autoren über das Werk, und alle drei waren sie total negativ. Das hat mich erschüttert. Da arbeitet man die ganze Woche, um zu zeigen, wie schön und wichtig das ist, und im Programmheft steht, dass das Stück wertlos ist und dass wir uns völlig umsonst angestrengt haben.

Das ist ja wirklich absurd.
Ich muss in diesem Zusammenhang an den schwedischen Komponisten Wilhelm Stenhammar denken. Stenhammar war gut befreundet mit Carl Nielsen und Jean Sibelius und hat beide gefördert, als er Chefdirigent der Göteborger Symphoniker war. Göteborg war damals das Zentrum für nordische Musik. Es lag geographisch günstig in der Mitte von Oslo, Helsinki, Kopenhagen und Stockholm, und es hatte sowohl das beste Orchester als auch den besten Saal. Die erste Aufführung der 4. Symphonie von Sibelius nach der Uraufführung fand in Göteborg

unter Stenhammar statt. Und sie wurde ein Flop. Die Menschen verließen scharenweise den Saal. Stenhammar schrieb daraufhin einen Artikel in der führenden Tageszeitung, in dem er dem Publikum versuchte klarzumachen, was sie verpasst hätten. Der Artikel endete damit, dass er ankündigte, das Programm der folgenden Woche zu ändern: Er werde die Symphonie gleich noch einmal aufs Programm setzen, um dem Publikum eine weitere Chance zu geben. Siehe da: Das Publikum kam und blieb. Das nenne ich, das Publikum zu erziehen! Was für ein großer Mann! Man muss eine Lanze brechen für das, woran man glaubt, und dem Publikum helfen, die Dinge zu verstehen.

Arnold Schönberg hat das in seinem Verein für musikalische Privataufführungen in Wien um 1920 herum ja auch gemacht. Dort war es gängige Praxis, ein neues Werk nach der Pause noch einmal zu spielen. Das Wiederholen von Werken kann sehr sinnvoll sein. Aber erlaubt das der heutige Konzertbetrieb noch?
Das geht in den großen Sälen nicht so einfach. Aber man kann sinnvolle Einführungen machen. Das habe ich oft getan in Konzerten mit Neuer Musik oder auch in Familienkonzerten. Für Menschen, die sonst keinen Kontakt zur Musik haben, kann das sehr hilfreich sein.

Im Alltag ist man dazu gezwungen, das Ohr abzuschotten gegen die vielen Eindrücke, die auf einen einstürmen. Wenn so eine Einführung wirklich auf die Musik und das Hören bezogen ist, kann sie dem Publikum die Ohren wieder öffnen.
Ich habe das selber in der bildenden Kunst erfahren, wo ich einen großen Nachholbedarf hatte. Oft braucht man nur einen kleinen Hinweis, damit einem die Augen aufgehen. Und so ist es auch in der Musik. Bevor ich zum Beispiel »Poesis« von Ingvar Lidholm aufführe, spreche ich immer erst einmal zehn Minuten darüber. Das Publikum ist stets sehr angetan davon. Auch bei älterer Musik können diese Einführungen sehr hilfreich sein. Ich habe das sehr gerne gemacht. Ich weiß aus eigener Erfahrung, dass man sehr selektiv hört. Man hört vielleicht erstmal

nur die schönen Melodien und Harmonien, man hört nicht alles, was passiert. Ich finde, solche Einführungen sollte am besten der Dirigent, ein Musiker oder der Komponist machen, denn er bringt die musikalische Perspektive ein. Ich hatte in Dresden ein sehr gutes Publikum auch bei den Schulkonzerten. Sie waren immer voll. Und es ging immer um die Musik, nicht um Lustigkeiten. Das ist spannend genug. Man muss überzeugt sein. Nur dann ist es glaubhaft. Heute gibt es auch Moderationen, in denen es nur um die Verbreitung von guter Stimmung und um launige Witze geht.

Wie sehr ist man als Dirigent in seiner Programmplanung überhaupt durch die Zwänge des Musikbetriebs eingeengt?
Zwänge spielen eine Rolle, aber man muss lernen, nein zu sagen. Es kann passieren, dass ein Programm, das man vorschlägt, aus völlig äußerlichen Gründen abgelehnt wird. Mir ist das mal passiert. Da wollte ein amerikanisches Orchester zu den zwei Werken, die ich vorgeschlagen habe, unbedingt noch eine Ouvertüre als drittes Stück. Die passte aber überhaupt nicht ins Programm. Angeblich, so sagten sie mir, würden sich Konzerte mit drei Werken besser verkaufen als Konzerte mit nur zwei Werken. Was ist denn das für ein Konzept? Der Sinn ist doch viel klarer, wenn man zwei Werke aufeinander prallen lässt. Das hat mich sehr erstaunt als Argument.Aber man kann auch nicht gegen alle Welt kämpfen. In Amerika kann man zum Beispiel nicht jede Saison Max Reger spielen. Das kommt nicht gut an. Aber ein paar Werke, die Mozart-Variationen und die Hiller-Variationen, habe ich in San Francisco schon gespielt. Und alle Sibelius- und Nielsen-Symphonien habe ich dort aufgeführt. Das war natürlich etwas Neues für die Amerikaner. Die Symphonien von Nielsen mochten sie sehr. Nachdem ich in San Francisco aufgehört hatte, kam ich jedes Jahr als Conductor laureate zurück und habe erst einmal sehr lange keinen Nielsen mehr gespielt. Das sollten andere tun. Ich dachte, Nielsen würde sonst zu einer Musik für wenige Spezialisten, und ich finde, das macht keinen Sinn. Aber nach fünfzehn Jahren bat mich das Orchester, doch wieder Nielsen zu

spielen, und das Publikum hat getobt wie nach einer Mahler-Symphonie. Das Orchester hat wunderbar gespielt und ich fragte einen der Musiker: Wie kommt das? Und er sagte: Wir haben diese Musik nicht angerührt, seit Sie weg waren, wir haben sie für Sie konserviert.
Es gibt schon Lichtblicke. Aber entscheidend ist, dass sich viele Dirigenten für das vernachlässigte Repertoire einsetzen.

Sie haben in Ihrer über sechzig Jahre währenden Laufbahn ein umfangreiches Repertoire erarbeitet und zahlreiche Schallplatten beziehungsweise CD-Aufnahmen eingespielt. Bleiben da noch Wünsche offen? Welche Komponisten oder Projekte liegen Ihnen jetzt besonders am Herzen?
Oh ja, natürlich hört das Wünschen nie auf. Im Moment beschäftige ich mich mit Wilhelm Stenhammar, für den ich endlich etwas tun möchte. Daran habe ich in all den Jahren immer wieder gedacht, aber es standen immer andere Prioritäten und Verpflichtungen im Vordergrund. Nun ist vielleicht die Zeit dafür gekommen. Kaum jemand kennt seine Musik außerhalb von Schweden. Wenn Sie nach Göteborg kommen zur Gründung der Stenhammar-Gesellschaft, werden Sie etwas von ihm hören können. Dann erzähle ich Ihnen mehr über ihn.
Ein großes Projekt der vergangenen Jahre war es, mit dem Gewandhausorchester noch einmal alle Beethoven-Symphonien zu spielen und aufzunehmen. Die Gesamteinspielung, die ich in Dresden gemacht habe, ist ja schon vierzig Jahre alt. Ich finde sie immer noch gelungen, aber heute mache ich natürlich Vieles ganz anders, weil die neuen kritischen Partiturausgaben herausgekommen sind, die teilweise ein ganz anderes Licht auf die Werke werfen. Zum 90. Geburtstag im Juli 2017 wird die neue Beethoven-Gesamteinspielung abgeschlossen sein. Und davor war ich mehrere Jahre sehr auf Bruckner konzentriert, ebenfalls mit dem Gewandhausorchester. Ich hatte schon in meiner Leipziger Zeit einige der Symphonien von Bruckner gespielt, aber nicht aufgenommen. Nach meiner Amtszeit haben wir beschlossen, die gesamten Bruckner Symphonien einzuspielen. Ich wollte dabei auch die Symphonien, die ich schon gemacht

hatte, neu aufnehmen. Die Symphonien Nr. 1 und 2 hatte ich vorher noch nie dirigiert.

Dieser Bruckner-Zyklus ist also recht spät in Ihrer Laufbahn entstanden, warum?
Ich habe mich vorher nicht recht gewagt, eine Bruckner-Gesamtaufnahme zu machen. Ich war mir nicht sicher, ob es gelingen wird.

Hatten Sie wirklich solche Selbstzweifel?
Selbstzweifel begleiten mich immer. Selbstzweifel sind gut. Das Umgekehrte, ein Zuviel an Sicherheit, ist tödlich in der Kunst. Natürlich muss ein Gleichgewicht gehalten werden. Die Zweifel dürfen nicht zerstörerisch wirken.
Es gibt einen wunderbaren Essay von Leo Tolstoi über die Kunst. »Was ist Kunst« heißt er. Und die wesentliche Erkenntnis darin lautet, dass der Künstler ein Suchender sein muss. Nur dann überzeugt er. Wenn ein Künstler kein Suchender ist, sondern so tut, als wisse er schon alles, ist er ein Scharlatan oder ein Propagandist. Dann ist er kein Künstler. Ich finde, das ist so wahr. Es gibt überhaupt nichts Endgültiges. Das gilt nicht nur für die Kunst. Es gibt etwas Absolutes, das nennen wir Gott. Aber wer Gott ist, wissen wir nicht. Gott ist das, wo wir alles hinschieben, was wir nicht erklären können. Und wenn es dieses Absolute nicht gäbe, wäre es weniger sinnvoll zu leben. Aber zu behaupten, man kenne es, ist nicht glaubwürdig. Alles ist vorläufig. Und jeder schaffende Künstler weiß das auch. Es ist immer aufs Neue eine Herausforderung. Denn was heute gelungen ist, muss morgen nicht unbedingt gelingen.

Hatten Sie jemals Konzerterlebnisse, mit denen Sie selber unzufrieden waren?
Todunglücklich war ich nie. Ich war immer dankbar, dass es dann doch so gut wurde. Das ist immer ein Mirakel. Ich denke immer, das kann nicht nur an mir liegen. Ich bin angewiesen auf das Orchester. Und man kann immer nur hoffen, dass auch Gott im Saal ist – symbolisch ausgedrückt. Es bleibt ein Schwimmen

über einem Abgrund. Das ist sehr anstrengend. Ich erzähle Ihnen ein Negativbeispiel. Als ich in San Francisco war, wollte mir einmal ein vierzehnjähriger Junge Geige vorspielen. Er spielte virtuose Capricen von Niccoló Paganini. Seine Fingertechnik war beeindruckend, aber musikalisch war nicht viel vorhanden. Ich fragte ihn, ob er auch etwas anderes spielen könne. Daraufhin spielte er eine andere Paganini-Caprice. Und dann fragte ich nochmal und er spielte die Chaconne aus Bachs Partita Nr. 2 für Solo-Violine. Sein Ideal war es, ein perfektes Feuerwerk zu entfachen. Der Mann war eigentlich schon erledigt für mich. Er hatte keine Ideale, er wollte nur zeigen, wie tüchtig er war. Aber dann fingen seine Eltern an, mir zu schreiben. Zehn Jahre nach diesem Vorspiel kam ein Brief von seiner Mutter, sie waren auch Adventisten. Sie schrieb mir, jetzt habe ihr Sohn eine Schallplattenaufnahme mit dem Los Angeles Philharmonic gemacht. Er sei jetzt bereit für eine Weltkarriere, er bräuchte dafür nur noch einen Auftritt unter meiner Leitung. Ich antwortete nicht. Aber sie bombardierten mich weiter und begannen auch, mich anzurufen. Ich sagte, ich würde mich melden, wenn ich die Platte gehört hätte. Schließlich gipfelte die Hartnäckigkeit der Mutter darin, mir 15.000 Dollar anzubieten, wenn ich ihren Sohn für ein gemeinsames Konzert engagieren würde. Da wurde ich sehr wütend und antwortete ihr: »Schreib mir nie wieder!« So etwas gibt es. Der Junge landete schließlich beim New York Philharmonic Orchestra am letzten Pult der 2. Geigen. Etwas Ähnliches ist mir auch in Japan einmal passiert. Da gab es eine junge Geigerin, deren Mutter immer mit in der Probe saß. Musikalisch war nichts dahinter. So etwas wird nie etwas.

Bei jungen Dirigenten gibt es das vermutlich weniger.
Manchmal denke ich, ich habe mich damals vielleicht auch ein wenig ins Dirigieren geflüchtet. Ich war ja Geiger und habe wahnsinnig gerne gespielt. Aber bei öffentlichen Auftritten war ich sehr nervös. Ich habe gezittert. Ich fühlte mich zur Schau gestellt. Nackt. Im Streichquartett war das nicht so. Aber auch als junger Dirigent war ich oft unsicher, ob ich gut genug vor-

bereitet bin. Die Orchester können zu jungen Dirigenten auch sehr negativ sein. Sie vermitteln einem das Gefühl, dass man eigentlich nichts zu sagen hat. Aber das ist durch gute Vorbereitung natürlich leichter zu überwinden. Das Dirigieren ist aus so vielen Fähigkeiten zusammengesetzt. Es gibt viele Musiker, die auch dirigieren und vom Orchester respektiert werden, obwohl sie handwerklich ungeschickt sind. Sie haben eine musikalische Autorität. Bei Yehudi Menuhin war es zum Beispiel so. Er war ein völlig unfähiger Handwerker als Dirigent, er konnte seine Hände nicht sinnvoll bewegen. Aber er war ein großer Musiker und Mensch und konnte immer etwas geben als Künstler. Andere sind charmant in ihren Bewegungen und es sieht elegant aus, aber musikalisch ist es vielleicht nicht so interessant. Aber auch das kommt heute gut an. Jeder bringt die Fähigkeiten, die er hat. Es gibt ein enormes Spektrum. Anders als beim Geigespielen gibt es keine anerkannte Methode. Es ist auf dem Dirigentenpodium fast alles möglich, wenn nur ein musikalischer Gedanke da ist. Das merkt man besonders, wenn man als Juror zu Dirigentenwettbewerben eingeladen wird. Es ist oft ziemlich niederschmetternd zu hören, was die anderen Jury-Mitglieder sagen. Denn man merkt, dass kein gemeinsamer Ausgangspunkt da ist. Die Beurteilungen der Kandidaten gehen oft total auseinander.

Hat die Jury die Aufgabe, das dirigentische Handwerk zu beurteilen oder das Klangergebnis, das aus ihm resultiert, unabhängig davon, wie es erzielt wurde?

Ich finde, man muss das Ergebnis beurteilen. Wie der Kandidat es macht, darf nicht das Entscheidende sein. Entscheidend ist, was rauskommt. Die Verbindung zwischen dem, was man sieht, und dem was man hört, ist ohnehin nicht so leicht zu erkennen. Ich finde das ungeheuer interessant. Deshalb habe ich auch unterrichtet. Man lernt selbst so viel dabei. In den letzten Jahren habe ich nur hier und da eine *masterclass* gegeben. Aber früher habe ich sehr viel unterrichtet.

Von 1961 bis 1971 waren Sie Professor für Dirigieren an der Königlichen Musikhochschule in Stockholm.

Ja, das war während meiner Zeit als Chefdirigent in Oslo. Dort war ich Nachfolger von meinem Lehrer Tor Mann geworden. Ich habe das sehr gerne gemacht. Ich wohnte noch in Stockholm, so ließ es sich vereinbaren. Ich hatte, wie es ja auch zu meiner Studienzeit üblich war, nur drei Schüler in der Klasse, weil es einen Numerus Clausus gab. Nach drei Jahren konnte ich drei neue bekommen. Alle meine Schüler haben Positionen im Musikleben in Schweden erhalten. Außerdem habe ich auch Igor Markevitch assistiert, das bedeutete, dass er die Vorlesungen hielt und ich den praktischen Unterricht gab. Markevitch war ein bisschen hypochondrisch und fühlte sich oft schwach. Seinen Sohn Oleg, der den Namen seiner Mutter angenommen hat und Oleg Caetani heißt, habe ich auch unterrichtet. Er ist ein tüchtiger Dirigent.

Wie hat sich im Laufe der Jahrzehnte Ihr Verhältnis zu den Orchestern verändert?

Das Verhältnis hat sich umgekehrt. Heute bin ich der Ältere, damals war ich der Anfänger. Aber auch die Orchester haben sich verändert: Sie haben eine besserer Ethik als früher. Auch technisch sind sie heute viel besser, man kann ganz andere Dinge verlangen. Und sie behandeln einen mit Respekt. Die Umgangsformen sind natürlicher und angenehmer geworden. Die Orchestermusiker heute sind normalerweise sehr freundliche Menschen und haben nur das Ziel, gute Musik zu machen. Es gibt auch ein paar simple Naturen, die sind hochbegabt, aber denken nicht viel nach. Aber die meisten sind hoch intelligent und sensibel. Früher gab es mehr Misstrauen, und es gab auch eine gewisse Arroganz in dem Sinn: »Wir sind das Orchester, wir wissen, wo es langgeht.« Die Dirigenten mussten sich erst einmal beweisen. Es hat nicht nur mit dem Alter zu tun, dass ich das heute so empfinde. Allerdings hat sich auch etwas zum Nachteil entwickelt. Früher hatten die Musiker mehr Intuition und mehr Fantasie. Das zeigt sich zum Beispiel daran, dass die Selbstverständlichkeit der Phrasierung verloren gegangen ist. In manchen Orchestern sitzen Musiker, die gedankenlos die Noten spielen, ohne die Phrase zu deklamieren, wie man sie singen oder sprechen würde. Beim Sprechen intonieren sie automatisch richtig, aber in ihrem Spiel klingt dann manches so leer und gedankenlos. Die Orchester in Leipzig und Dresden haben einen immensen Vorteil. Denn viele der Musiker dort kommen vom Kreuzchor oder von den Thomanern. Da haben sie durch das Singen auch gelernt, natürlich zu phrasieren. Aber nicht alle Musiker haben diesen Hintergrund.

Dass man als Kind lernt, richtig zu singen, ist nicht mehr selbstverständlich, auch nicht in der Schule. Die Leistungsansprüche, die in anderen Fächern gelten, fallen im Musikunterricht oft unter den Tisch. Wenn ein Kind falsch zusammenzählt, wird es korrigiert, wenn es eine Septime statt einer Quinte singt, hingegen nicht.
Das ist erschreckend. Eine ganze Kultur ist gefährdet, wenn man unsere Kinder musikalisch verdummen lässt. Man enthält ihnen auch eine ganze, beglückende Erfahrungswelt vor. Da ist José Antonio Abreu ein Vorbild, der in Venezuela das musikpädagogische Programm »El Sistema« gegründet hat. Er gibt den Kindern, die dort vor allem aus armen Verhältnissen kommen, eine einzigartige Chance. Nach seinem Vorbild hat sich ja inzwischen auch bei uns einiges getan. Viel geschieht auch in Japan. Ein Beispiel dafür ist das NHK Symphony Orchestra in Tokio, wo ich regelmäßig dirigiere. Dieses Orchester hat sich wunderbar entwickelt, seit ich es kenne. Und sie erreichen zugleich ein breites Publikum, denn ihre Aktivitäten werden auch im Fernsehen übertragen. Dort zeigt man nicht nur die Konzerte, sondern auch eine Fülle an Diskussionen, Vor- und Nachbereitungen und Einführungen, die sie veranstalten. Sie laden Musiker, einfache Zuhörer und Kritiker ein, damit ein Dialog entsteht. Dieses Engagement ist ein Grund dafür, warum das Interesse für klassische Musik in Japan so groß ist. Das funktioniert wunderbar. Wer die Musik in die Zukunft führen will, muss alle Seiten zusammenbringen.

»DIE BÜCHER
SIND WIE
MEINE **FREUNDE**«

EIN BESUCH IN GÖTEBORG:
Spaziergang durch die Herbert Blomstedt Collection und ein Plädoyer für Wilhelm Stenhammar

Herbert Blomstedt ist nach Göteborg gereist, in die traditionsreiche schwedische Hafenstadt, in der er wichtige Jahre seiner Kindheit verbracht hat. Er ist gekommen, um zwei Konzerte mit den Göteborger Symphonikern zu dirigieren und um bei dem Festakt zur Gründung der Stenhammar Gesellschaft ein Podiumsgespräch zu führen, denn er war es, der die Anregung zur Gründung dieser Gesellschaft gegeben hatte. Zum Festakt, der von dem Pianisten Martin Sturfält mit Klavierwerken Stenhammars musikalisch umrahmt wird, sind auch zwei Enkelinnen und der Enkel von Stenhammar gekommen. Auf dem Programm der Konzerte mit den Göteborger Symphonikern steht auch ein Werk von Wilhelm Stenhammar: das im Jahr 1909 komponierte 2. Klavierkonzert. Blomstedt dirigiert ausnahmsweise mit Taktstock, denn Carl-Wilhelm Stenhammar, der Enkel, hat Blomstedt zu diesem besonderen Anlass den Taktstock seines Großvaters geliehen. Außerdem trägt Blomstedt die goldenen Manschettenknöpfe seines früheren Geigenlehrers Lars Fermaeus, die er von dessen Nichte geschenkt bekommen hat.
Am folgenden Tag zeigt Herbert Blomstedt mir in der Universität Göteborg die HERBERT BLOMSTEDT COLLECTION, kurz HBC. Blomstedt hat der Universität seine gesamte Bibliothek als Schenkung überlassen: circa 500 Laufmeter Bücher, Partituren, Noten und Tonträger. Die meisten Musikbücher befinden sich noch bei ihm zuhause in Luzern, da er sie regelmäßig braucht. Die Sammlung ist nach Anmeldung für Forschungszwecke zugänglich. Ein Drittel der Bücher hat Blomstedt selbst katalogisiert. Auf den Karteikarten stehen zum Teil auch kleine Kommentare von ihm.

Um die 20.000 Bücher lagern bereits hier in Göteborg, zusammen mit dem Luzerner Bestand sind es inklusive der Partituren etwa 30.000 Exemplare. Wie ist es zu dieser umfangreichen und vielseitigen Sammlung gekommen?
Immer wenn ich in ein neues Land kam, hatte ich das Bedürfnis, mir die fremde Kultur anzueignen. Man repräsentiert als Chefdirigent das Orchester. Manchmal muss man auch eine Rede halten. Man muss den kulturellen Hintergrund kennen, um die Musik besser zu verstehen. Die Sechzehntel-Noten sind natürlich immer dieselben, aber in welchem Zusammenhang sie stehen, ist doch wichtig. Daher habe ich immer viel gelesen, um in die lokale Kultur einzutauchen. Und ich habe überall wunderbare Antiquariate gefunden.

Können Sie sich noch erinnern, was Ihnen in der Anfangszeit am wichtigsten war?
Das Erste, was ich in Kopenhagen tat, war, eine Gesamtausgabe der Werke des dänischen Philosophen Søren Kierkegaard zu kaufen. Da fand ich eine neue Ausgabe in 22 Bänden. Das ist bis zum heutigen Tag eine meiner favorisierten Lektüren. Kierkegaard ist nicht ganz leicht zu lesen, aber ich habe gerne Dinge, die nicht leicht sind. Es half mir, dass er hoch musikalisch war. In meiner Sammlung habe ich sogar einige Originalausgaben, darunter eine mit einer Widmung vom ihm. Die Hälfte seiner Schriften besteht aus Predigten, die er nie gehalten hat. Kierkegaard sagte etwas Wunderbares. Er meinte, der Glaube sei, als würde man schwimmen: Man werde getragen, aber was unter einem liege, das könne man nur ahnen. Da gäbe es Abgründe, die man nicht kenne. Darüber hinaus finde ich auch seine Theorie von den drei Stadien der menschlichen Existenz faszinierend: das ästhetische, das ethische und das religiöse Stadium.

Anfang der siebziger Jahre dirigierten Sie bereits regelmäßig in Dresden. Was haben Sie aus der DDR mitgenommen?
Von der deutschen Kultur hatte ich natürlich schon früh eine Ahnung. Schweden war bis zum Zweiten Weltkrieg sehr an

Deutschland orientiert gewesen. Die erste Sprache, die wir in der Schule lernten, war Deutsch. Deutschunterricht gab es von der 3. Klasse an. Dann folgten Englisch und Französisch. Und natürlich fühlte ich mich in der deutschen Kultur schon allein über die Musik zuhause. Aber in Dresden gab es wunderbare Antiquariate, in denen ich meine Ost-Mark, die ich nicht ausführen durfte, sinnvoll ausgeben konnte. Manches, was man dort fand, war natürlich ideologisch gefärbt. Aber es wurden auch wunderschöne Klassiker-Ausgaben in der DDR publiziert. Etwas war völlig neu für mich, schauen Sie:

Blomstedt zieht einen Band der gesammelten Werke des bekanntesten jiddischsprachigen Schriftstellers Scholem Alejchem aus dem Regal. Alejchems Roman »Tewje, der Milchmann« erlangte in Film- und Musicalbearbeitungen unter dem Titel »Anatevka« später Weltberühmtheit.

Diese Ausgaben der jiddischen Literatur Alejchems erschlossen mir Gustav Mahlers Welt. Ich war am Anfang kein besonderer Mahler-Freund gewesen. Ich hatte seine Musik nicht verstanden. Die Zitate mit Volksmusik in seinen Symphonien erschienen mir sentimental und vulgär. Ich dachte, so etwas habe in einer Symphonie nichts zu suchen. Jeglicher Gefühlsüberschwang ist meiner Kultur natürlich auch sehr fremd. Die Menschen in Schweden sind ganz anders, introvertiert und schüchtern, die kennen solche Gefühlsausbrüche nicht. Aber in Dresden begann ich, Mahler zu spielen, die 1. und die 2. Symphonie. Das Orchester kannte das kaum, denn Mahler war in der Nazizeit verboten gewesen und dann fast vergessen worden. Durch Alejchems Beschreibungen des Lebens im Getto und im Stetl verstand ich, dass man dort genauso gesungen und musiziert hat, wie Mahler es in seiner Musik zitiert. Ich begriff, dass diese Musik eine echte Entsprechung in Mahlers Erleben und Erinnerung hatte. Das gab mir eine völlig neue Perspektive auf sein Werk.

Heute empfinde ich seine Musik als tief bewegend, als sehr echt. Wie er diese Elemente in einen großen symphonischen Zusammenhang integrierte, in dem äußerste Extreme vereint sind, ist bewundernswert. Das kann nur ein großer Künstler.

Wir gehen weiter. Blomstedt erkundigt sich beim Bibliothekar nach der Ankunft von Büchern, die er direkt, also ohne Zwischenstopp in Luzern, nach Göteborg bestellt hat. Dass manche Bücher den Weg über Bengtstorp nach Göteborg nehmen, hat nicht zuletzt steuerliche Hintergründe. Die Ausführung von Wertgegenständen aus der Schweiz kann kostspielig werden.

Ich habe eben drei neue Bände des Insektenforschers Jean Henri Fabre bekommen und angefangen, sie zu lesen. Von der Gesamtausgabe seiner Werke gelangen bald alle zehn Bände in die HERBERT BLOMSTEDT COLLECTION. Fabre wurde 1914 für den Nobelpreis für Literatur nominiert. Tatsächlich sind seine Schriften auch sprachlich sehr faszinierend. Das sind keine nüchternen naturwissenschaftlichen Beschreibungen, das ist vielmehr Poesie. Fabre sagte einmal, er glaube nicht an Gott, aber er habe ihn gesehen, er sehe ihn jeden Tag in der Natur. Ich finde, das ist ein schöner Gedanke, obwohl ich keinerlei Tendenzen zum Pantheismus habe. Aber so ist es bei Fabre auch nicht gemeint. Im hohen Alter hat Fabre noch gelernt zu aquarellieren. Warum? Weil er die Vielfalt der Pilze erforschen wollte. Und um sie darzustellen, malte er sie ab. Das sind herrliche Bilder. Auch davon habe ich ein Buch.

Ich wusste gar nicht, dass Ihr Interesse für die Natur so weit reicht.
Doch, auch die Vogelwelt fasziniert mich. Es geht nicht so weit, wie beim Komponisten Olivier Messiaen, der die Stimmen der Vögel erforschte und sie unmittelbar für Gesandte des Himmels hielt. Aber auch ich empfinde sie als Wesen, die voller Wunder sind: wie schnell sie wachsen, wie schnell sie fliegen können und wie sie zusammenhalten über riesige Distanzen hinweg. Auf unserem Haus in Bengtstorp sind vor Jahren sogenannte Turm- oder Mauersegler geschlüpft. Das sind etwas größere, schwalben-

ähnliche Vögel, die sich beinahe nur in der Luft aufhalten. Am Boden sind sie verloren, weil sie zum Fliegen den Absprung aus der Höhe benötigen. Sie überwintern in Südafrika. Aber jeden Sommer kommen sie von dort aus genau an die Stelle zurück, wo sie geboren wurden: hinter einem Dachziegel an unserem Haus. Wir wissen das, weil ein Ornithologe sie markiert hat.

Wir laufen durch die Regalflure der Sammlung und nehmen hier und da ein Buch heraus. Es gibt sehr viel Belletristik, Gesamtausausgaben klassischer und moderner Dichter, Dramenausgaben, Briefwechsel, Tagebücher und Biografien, aber auch unzählige Bücher zur Geschichte, Kunstbände, philosophische und religiöse Werke. Ein Faksimile von Ovids Metamorphosen kann man hier ebenso finden wie eine der ältesten Bibelausgaben von circa 1500, eine Londoner Ausgabe des Korans und verschiedene Tora- und Talmud-Ausgaben. Einen Teil der theologischen Bücher hat Blomstedt von seinem Vater geerbt. Die meisten Musikbücher befinden sich noch in Blomstedts Luzerner Wohnung.

Wenn Sie nach Luzern kommen, zeige ich Ihnen das erste Werk des Philosophen, Mathematikers und Naturwissenschaftlers René Descartes: »Musicae Compendium«, ein Leitfaden der Musik. Es wurde erst nach seinem Tod 1650 gedruckt. Ich habe ein wunderschönes Exemplar der Erstausgabe mit Goldschnitt. Königin Kristina von Schweden hatte Descartes nach Stockholm eingeladen und ihm aufgetragen, ihr jeden Morgen Unterricht zu geben. Er ist auch in Stockholm gestorben, an einer Lungenentzündung.
Ah, hier gibt es etwas Interessantes!

Herbert Blomstedt eilt einen Gang weiter und hebt einen von zahlreichen großen Folianten aus einem Regal.

Das ist ein Graduale-Faksimile, das wunderbar aufwendig gestaltet ist. Es gibt in Luzern einen Verlag, der spezialisiert ist auf die getreue Nachbildung von mittelalterlichen Bilderhandschriften.

Schauen Sie, alles haben sie kopiert bis hin zu den Löchern im Pergament. Die Illuminationen sind mit prächtigen Farben und mit echtem Gold gestaltet. Das Original von circa 1200 ist aus Pergament, aber das verwittert, wenn es alt wird. Daher fertigen sie die Faksimile-Drucke auf einem pergamentähnlichen Papier. Das war das Erste, was ich mir gekauft habe, als ich nach Luzern zog. Mittlerweile habe ich sicher dreißig oder vierzig Ausgaben dieser Art bezogen. Das Mittelalter interessierte mich immer schon sehr.
Eines der teuersten Bücher, das ich gekauft habe, kommt auch aus diesem Verlag. Es ist ein Faksimile in einer kleinen Auflage von ungefähr 400 Exemplaren des berühmten Stundenbuchs vom Herzog von Berry: »Les Très Riches Heures du Duc de Berry«. Das ist eines der berühmtesten Werke der Buchmalerei aus dem 15. Jahrhundert. Der Herzog war sehr kunstinteressiert und so engagierte er die Gebrüder Limburg als Maler für diese schönen Monatsbilder. Schauen Sie, jedes Monatsbild nimmt eine ganze Seite in Anspruch. Man sieht darauf jeweils eine für den jeweiligen Monat typische Landschaft und Tätigkeit. Und im Hintergrund erkennt man meistens eines der Schlösser des Herzogs. Die Faksimileausgabe ist handgemacht und es gibt einen ausführlichen Kommentarband.

Im 4. Kellergeschoss lagern bei einer Temperatur von 12 bis 18 Grad Celsius und 60 Prozent Luftfeuchtigkeit die seltenen und kostbaren Bücher. Blomstedts Bücher befinden sich hier in guter Gesellschaft, denn hier liegt unter anderem auch der Nachlass von August Strindberg.

Meine größte Kostbarkeit hier ist die »Fredenheim Collection«. Das ist die letzte frei verfügbare Sammlung einer Privatperson, nämlich des schwedischen Adligen Carl Fredenheim, der vom schwedischen König Gustav III., der sein Land kultivieren wollte, nach Rom geschickt worden war, um Kunst einzukaufen. Fredenheim war sehr musikinteressiert. Zwischen 1780 und 1820 sammelte er einen riesigen Bestand an musikalischen Erstdrucken und Handschriften, die er zum Teil in Neapel gekauft hatte und nach seiner Rückkehr in seinem Schloss in Schweden aufbewahrte. Diese Sammlung musste aus Finanznöten verkauft werden, aber weder die Bibliothek in Stockholm noch die in Göteborg hatte dafür das Budget. Da ich fand, dass die Sammlung unbedingt geschlossen bleiben sollte, entschloss ich mich dazu, sie aufzukaufen und im Rahmen der HERBERT BLOMSTEDT COLLECTION der Bibliothek zu stiften. Es ist alles wunderbar erhalten, zum Teil sind es Erstausgaben, und hin und wieder findet man einen Kommentar Fredenheims wie »vom Komponisten selbst gekauft« oder »besonders schön!«. Man sieht, dass er die Werke auch gespielt hat. Da wartet noch viel Arbeit auf die Musikwissenschaftler. Es gibt auch einen persönlichen Hintergrund für meinen Entschluss, diese Sammlung aufzukaufen. Ich hatte einen Freund in Uppsala, der über Fredenheim promoviert hat. Er war ein Adliger und ich durfte ein ganzes Jahr im Schloss seiner Mutter in Norrköping wohnen. Ich lebte da wie ein kleiner Prinz, hatte einen Chauffeur, wurde bekocht. Ich fühlte also auch eine Dankbarkeitsschuld gegenüber dieser Familie meines Freundes.

Allmählich wird es Zeit aufzubrechen, weil abends das Konzert mit den Göteborger Symphonikern ansteht. Herbert Blomstedt fühlt sich sichtlich wohl unter seinen Büchern und kann sich nur schwer losreißen.

Die Bücher sind wie meine Freunde. Ich könnte noch Stunden mit ihnen verbringen.

Vermissen Sie Ihre Bücher nicht manchmal in Luzern?
Nein, ich habe ja noch viele andere Freunde. Und außerdem gibt es auch bei mir zuhause noch genug Bücher.

Am Abend spielen die Göteborger Symphoniker unter Blomstedts Leitung die »Pastorale« von Beethoven und das 2. Klavierkonzert von Wilhelm Stenhammar. Herbert Blomstedt lässt die Farben des Orchesterklangs auratisch aufblühen und er versteht es, die virtuosen Glitzerkaskaden, die der junge

Martin Sturfält am Flügel aufbietet, organisch in das Orchestergewebe einzubetten. Später höre ich mir auf Herbert Blomstedts Laptop mit guten Kopfhörern noch weitere Werke von Stenhammar an, die Blomstedt mit den Göteborger Symphonikern aufgenommen hat: die von 1911 bis 1915 entstandene 2. Symphonie in g-Moll op. 34 und die von 1908 bis 1913 komponierte Serenade für Orchester in F-Dur op. 31. Beide Aufnahmen sind noch nicht veröffentlicht, aber Blomstedt liegt schon eine erste Fassung auf CD vor.

Sie haben vorhin mit dem Taktstock von Wilhelm Stenhammar dirigiert. Hat das einen Unterschied für Sie gemacht? Wessen Idee war es eigentlich?
Das war die Idee von Carl-Wilhelm Stenhammar, aber ich war gleich mit dieser Spielerei einverstanden. Es war ein besonderes Gefühl, diese Reliquie in der Hand zu haben, denn dieser Stock ist wirklich ein Stock, kein Stäbchen. Er ist ziemlich dick, schwer und schwarz. Aber wenn man anfängt zu musizieren, spielt es keine große Rolle mehr, was man in der Hand hat, denn die Energie, die vom Dirigenten ausgeht, ist vor allem eine geistige. Aber während der Gründungsfeier der Stenhammar Gesellschaft ist mir etwas mit diesem Stock passiert, das mir als bitter-lustige Erinnerung bleiben wird. Das Etui, in dem der Stock aufbewahrt wird, ist ganz besonders edel, denn der Taktstock war ein Geschenk des Orchesters an seinen Chefdirigenten. Es ist ein hellbraunes Lederetui, auf dem in Goldlettern der Name Stenhammars prangt. Bis zu dem Podiumsgespräch saß ich mit diesem Etui auf dem Schoß im Publikum, denn ich wollte ihm später das prachtvolle Museumsstück zeigen. Als ich dann die Bühne betrat, merkte ich, dass ich vergoldete Fingerspitzen hatte. Meine Finger hatten auf den Goldlettern gelegen und ihre Wärme hatte das Gold abgelöst. Oh Schreck, ich hatte das Familienkleinod durch meine Fingerabdrücke beschmutzt. Der Enkel trug es Gott sei Dank mit Fassung, die noble Gesinnung seines Großvaters lebt offenbar in ihm weiter. So hat der Stenhammar-Stab also doch einen markanten Eindruck in mir hinterlassen.

Wilhelm Stenhammar ist außerhalb Schwedens kaum bekannt. Er wurde 1871 in Stockholm geboren und war als Pianist, Dirigent und Komponist tätig. 1907 übernahm er für fünfzehn Jahre als Chefdirigent die Göteborger Symphoniker. Was war er für ein Mensch?
Er hat das Orchester schnell zum besten Klangkörper Schwedens hochgezogen. Dabei war er wohl gar nicht besonders geschickt mit den Händen, aber er war ein großer Impulsgeber und musikalischer Berater. Von der Qualität des Orchesters konnte Stockholm damals nur träumen. Stenhammar hat zunächst als Pianist Erfolg gehabt. Als etwa Zwanzigjähriger komponierte er sein erstes Klavierkonzert und war damit so erfolgreich, dass es bald überall nachgespielt wurde: in Berlin mit den Berliner Philharmonikern unter Richard Strauss, in Dresden unter Carl Muck und in Manchester unter Hans Richter. Er kehrte dann oft als Solist nach Berlin zurück und spielte Beethoven-Konzerte. Hauptsächlich komponierte er Lieder, Chorwerke und Kammermusik. Es gibt sechs wunderbare Streichquartette. Und er schrieb eben diese beiden großen Orchesterwerke: die Serenade für großes Orchester und eine große Symphonie in g-Moll. Auch die Serenade ist eine gewaltige Komposition, sie hat fünf Sätze und heißt nur aus Bescheidenheit Serenade.

Sie haben sich Stenhammar relativ spät zugewandt. Dabei haben Sie doch wichtige Jahre hier in Göteborg verbracht, die Jahre des Geigenunterrichts bei Lars Fermaeus, der auch im Göteborger Orchester spielte.
Das stimmt und meine erste Begegnung mit Stenhammar fand auch sehr früh schon im Unterricht bei Lars Fermaeus statt. Er ließ mich am Ende der Stunde immer ein Stück Kammermusik vom Blatt spielen, und da haben wir einmal ein Stück von Stenhammar gespielt, eine Romanze für Geige und Orchester. Die fand ich damals ein bisschen fremdartig, auch ein bisschen pathetisch und sehr virtuos. Das passte damals nicht in meinen antiromantischen Trend.

Damals hatte Ihnen auch Richard Strauss nicht gefallen. Aber in Dresden begannen Sie schnell seine Musik zu schätzen. Wann erfolgte die Wendung bei Stenhammar? Wann begannen Sie, seine Werke zu dirigieren?
Als ich anfing zu dirigieren, bat man mich in Stockholm einmal darum, ein paar Schauspielmusiken von Stenhammar auf Platte einzuspielen. Das habe ich getan, aber das waren keine großen Stücke. Und dann ging ich schon bald weg aus Schweden. Ich wusste immer, dass Stenhammar diese beiden großen Orchesterwerke geschrieben hat. Meine Freunde sagten immer, ich müsse diese Werke spielen. Der Musikwissenschaftler und Kritiker Bo Wallner, der auch eine große, dreibändige Stenhammar-Biografie geschrieben hat, war ein sehr guter Freund von mir, beinahe wie ein Vater. Seine Passion war die schwedische Musik. Und er sagte immer, es sei eine Schande, dass ich keinen Stenhammar spiele. Aber außerhalb Schwedens musste ich erstmal andere Musik lernen: norwegische Musik, dänische, Strauss in Dresden, amerikanische Musik. So blieb Stenhammar immer liegen, und ich hatte immer ein bisschen schlechtes Gewissen dabei. Als ich 85 wurde, dachte ich: jetzt oder nie. Ich habe keine Verpflichtungen als Chefdirigent mehr, jetzt muss ich etwas für Stenhammar tun. Und so spielte ich die g-Moll-Symphonie zum ersten Mal mit den Bamberger Symphonikern. Das ist ein Orchester, zu dem ich eine enge Verbindung habe. Die Symphonie ist technisch sehr schwierig, und die Bamberger haben das großartig gemacht, auch mit viel Gefühl für die Eigenart. Es war ein großer Erfolg. Ein paar Wochen später spielte ich die Symphonie dann auch im NDR, später auch mit der Dresdner Staatskapelle. Kommende Saison werde ich sie mit dem Symphonieorchester des Bayerischen Rundfunks spielen, dann in Oslo, in Tokio und in San Francisco.

Das klingt, als wären Sie in einem regelrechten Stenhammar-Fieber. Was ist das Besondere für Sie an diesem Komponisten?
Wenn ich diese Musik jetzt höre, empfinde ich sie als sehr feinfühlig und auf eine schwer zu bestimmende Weise als sehr

schwedisch. Die Schweden sind sehr schüchtern, aber wenn sie diese Schüchternheit überwunden haben, können sie sehr direkt und überschwänglich werden. Irgendwie so etwas steckt in dieser Musik, es gibt hier sehr besondere Stimmungslagen. Das empfinde ich erst jetzt im hohen Alter, vielleicht auch, weil ich schon so lange weg bin aus Schweden. In beiden großen symphonischen Werken gibt es Partien, die mich so bewegen, dass ich anfange zu weinen. Ich kann gar nicht genau sagen, was es ist. Kleine Wendungen, die mich ganz nostalgisch werden lassen.

Sind das vielleicht Wendungen, die aus der schwedischen Volksmusik stammen?
Das ist sehr im Hintergrund, ähnlich wie bei Sibelius. Sibelius zitiert ja nie Volksmelodien, aber dennoch rührt vieles aus dieser Sphäre. Es klingt ein bisschen kirchentonal, ein bisschen mittelalterlich. So ist es auch bei Stenhammar. Das ist etwas ganz anderes als der Folkloreeinfluss bei Bartók. Stenhammar zitiert nie, aber das Kirchentonale schimmert bei ihm immer wieder durch, zum Beispiel im Hauptthema des Kopfsatzes der g-Moll Symphonie, das eigentlich ein dorisches Thema ist. Und in der Serenade findet man so etwas im zweiten Thema des ersten Satzes.

Er singt das Thema vor.

Man ist selbst kein guter Beurteiler, wenn es so nostalgisch konnotiert ist. Da kann man leicht sentimental werden. Aber die Musik ist sehr gut gemacht, sie ist auch sehr polyphon. Es gibt fast eine Parallele zu Bruckner. Stenhammars Jugendsymphonie, die er später zurückgezogen hat, ist wohl noch sehr brucknerisch. Auch Stenhammar begann später Kontrapunkt zu studieren, so wie Bruckner es bei Simon Sechter tat. Stenhammar studierte bei Heinrich Bellermann, als er schon ein gefeierter Pianist war und Kapellmeister in Göteborg.

Die gute Kontrapunktschule hört man im Schlusssatz der Symphonie, in dem es vier Fugen gibt.
Ja, zwei davon sind sogar Doppelfugen. Dieses Symphoniefinale ist natürlich ohne Beethoven, das heißt: ohne die Hammerklaviersonate und die Große Fuge, nicht denkbar. Stenhammars Ideale waren Beethoven und Sibelius. Sibelius hat ihn fast blockiert. Hier in Göteborg hat sich Stenhammar geradezu selbstlos für Carl Nielsen und Sibelius eingesetzt. Göteborg wurde durch ihn zum Zentrum für nordische Musik. Aber die Bewunderung für Sibelius hat ihn erschlagen, er konnte kaum mehr komponieren. In seinem Vertrag stand, dass er jedes Jahr ein eigenes Stück aufführen darf. Die ersten sechs oder sieben Jahre aber hat er nur Musik von anderen gespielt. Er war ein sehr scheuer Mensch, eine *Noli me tangere*-Figur, sehr sensibel. Aber für andere Menschen hat er alles gemacht. Das bewegt mich sehr. Solche Menschen sind sehr selten.

Ich finde, das Fugen-Finale der Symphonie hat eine geradezu zerschmetternde Wucht.
Ich finde besonders die zweite Fuge wunderbar. Alles ist im Pianissimo und das Thema erklingt vergrößert als Kontrast zu dem sehr robusten Thema der ersten Fuge. Es ist sehr klug komponiert.

Es scheint nichts zu geben, was der großen Fugenlogik nicht einverleibt würde, aber das merkt man nicht sofort. Als ob er zeigen wollte, das alles mit allem zusammenhängt.
Die Fugenarbeit hört auf, und es kommt eine scheinbar ganz freie Kantilene à la Tschaikowsky. Das klingt, als würde die Musik sagen: Werft alle Banden über Bord. Aber das ist nur eine Illusion. Denn auch diese Kantilene ist eine Zusammensetzung von zweien der Fugenthemen. Das merkt man erst später.

Ich finde die Symphonie noch interessanter als die Serenade.
Das ist ein tieferes Werk als die Serenade. Die Serenade ist sehr geschickt gemacht, auch sehr polyphon, aber auf eine höhere, sehr kunstvolle Art auch eine geniale Unterhaltungsmusik.

Insofern ist Serenade schon ein gut gewählter Titel. Aber natürlich ist es wie mit Mozarts Bläserserenade: Es steckt viel mehr darin als nur Unterhaltungsmusik. Der langsame Satz ist wunderschön, er verströmt so eine archaisierende Stimmung. Aber das Ende ist etwas blass. Das Scherzo ist der konventionellste Satz, aber es steckt voller Charme.

Auch Stenhammars Klaviermusik ist sehr virtuos und sehr kontrapunktisch. Das schönste Klavierstück ist vielleicht »Spätsommernächte«. Wenn ein weniger begabter Komponist das komponiert hätte, wäre es vielleicht in Sentimentalität abgeglitten, denn die Abende im Norden sind besonders schön. Aber Stenhammars Musik ist herrlich zurückhaltend.

Bei Stenhammar fließen schon Natureindrücke ein, aber nie als Naturmystik oder als direkte Naturstimmung. In der schwedischen Romantik gibt es natürlich auch viele Komponisten, die in Tonmalereien schwelgen, Musik, die nur aus Stimmungen besteht. Das ist nur für ein paar Minuten schön. In sehr elaborierter Weise gibt es das sogar bei Sibelius, wobei es bei ihm immer symphonisch geformt ist. Aber bei Stenhammar ist das ganz anders. Für ihn ist die Naturstimmung erst der Anfang, dahinter steht immer der Wille, daraus etwas Tieferes zu gestalten. Gleichzeitig hatte er diese großen Selbstzweifel. Er musste sich immer durchringen. Sibelius wiederum hatte etwas ganz Einzigartiges. Sibelius kann man nicht imitieren. Er hat auch keine Schule begründet. Er hat die Komponisten alle beeinflusst, aber man konnte keine Schule daraus ableiten.

Wie ging es mit Stenhammar in Göteborg weiter? Warum verließ er das Orchester?

Sein Abschiedsbrief ist gerade erst gefunden worden. Es ist ein rührendes Dokument. Er schreibt: Ich kann nicht länger, ich bin total ausgebrannt und ihr verdient einen frischen Mann am Pult. Er ging dann für die letzten Jahre seines Lebens nach Stockholm zurück. Bevor er starb, bekam er einen Brief vom Orchestervorstand Edgar Mannheimer. Das Orchester wollte Stenhammar eine Wohnung schenken als Dank für die 15 Jahre. Stenhammar antwortete, er könne das nicht annehmen, das sei viel zu viel.

Mannheimer schrieb zurück und erklärte ihm, warum er das doch verdient habe und bat ihn, das Geschenk anzunehmen. Daraufhin antwortete Stenhammar: Du hast recht, es war der Hochmut über meine eigene Bescheidenheit, der mich dazu gebracht hat, Dir so zu antworten. So ein Mann war er. Er nahm das Geschenk an, aber er zog nie ein, weil er im Folgejahr starb.

»ICH MUSS
VERSUCHEN,
DIE **WAHRHEIT**
HERAUSZUFINDEN«

GESPRÄCHE IN LUZERN:
Bachs unvergleichliche Größe und das Metronom bei Beethoven

Herbert Blomstedt genießt die wenigen Tage im Jahr, die er zuhause in Luzern verbringen kann. Die Zimmer seiner kleinen Maisonette-Wohnung sind von prall gefüllten, perfekt sortierten Bücherregalen gesäumt. Ein Flügel trennt im Wohnzimmer Essbereich und Sitzecke. Links auf ihm stapeln sich Noten und Partituren, darunter immer etwas von Bach. Von der rechten Seite des Flügels blickt Felix Mendelssohn Bartholdy herab, Blomstedts berühmtester Vorgänger am Gewandhaus. Die Bronzeskulptur stammt vom ehemaligen Kontrabassisten des Gewandhausorchesters Felix Ludwig, der auch die Bronze-Büsten von Grieg und von Beethoven gefertigt hat, die Blomstedt der Grieg-Begegnungsstätte und dem Gewandhausorchester in Leipzig gestiftet hat. Die Mendelssohn-Skulptur zeigt den Gewandhauskapellmeister, Komponisten und Wiederentdecker der Werke Bachs in einer entspannten Haltung, gelehnt an einen Steinsockel, mit einer Orchesterpartitur im Arm. So mag er auf dem Heimweg von einer geglückten Probe kurz Rast gemacht haben. Im Regal gegenüber des Flügels steht eine weitere Mendelssohn-Skulptur von Felix Ludwig, ein Kopf aus Gips. Auch zahlreiche Gemälde hängen in Blomstedts Wohnung. Eine Wendeltreppe führt ins Dachgeschoss, wo sich im Arbeitszimmer die Musikalien befinden. Von der großzügigen Dachterrasse aus hat man einen wunderbaren Blick auf die Stadt.

Nun haben Sie ein paar Tage Ruhe vor Ihrer nächsten Konzertreise. Womit beschäftigen Sie sich gerade?
Mit Bach. Ich fange seit einiger Zeit, wenn ich zu Hause bin, jeden Morgen nach dem Frühstück, den Tag mit einer kurzen Meditation über Sätze der Johannes-Passion an.

Ist das eine reine Kür oder bereiten Sie das Werk für eine Aufführung vor?
Das ist eine wunderbare Beschäftigung, die als Vorbereitung für die Aufführungen dient, die ich nächstes Jahr in München und in Oslo machen werde. Ich habe das Werk seit der Leipziger Aufführung im Jahr 2000 nicht mehr gespielt und muss wieder gründlich darin eintauchen.

Ist Ihnen dabei etwas Neues aufgefallen oder ist Bach eine unveränderliche Größe für Sie?
Es fällt einem doch immer etwas Neues auf. Heute merke ich viel mehr als früher, wie persönlich diese Musik ist. Sie ist nämlich gar nicht so objektiv, wie man es der Barockmusik manchmal pauschal unterstellt. Bach reagiert ganz persönlich auf das Geschehen. Das hört man besonders deutlich in den Chorälen. Zum Beispiel in der Nr. 11: Auf die Frage »Wer hat dich so geschlagen, mein Heil?« heißt es da als Antwort: »Ich, ich und meine Sünden«. Das sind natürlich nicht Bachs Worte, sondern die des Psalmendichters. Aber Bach hat sie ausgewählt. Er hätte auch ganz andere auswählen können. Ein anderes Beispiel ist der Schlusschoral, Nr. 40, in dem Bach die Hoffnung auf die Auferstehung ausmusiziert: »Alsdenn vom Tod erwecke mich, dass meine Augen sehen dich in aller Freud, mein Heiland und Genadenthron! Herr Jesu Christ, erhöre mich, erhöre mich, ich will dich preisen ewiglich!« Diese tief bewegenden letzten Worte setzt Bach als gläubiger Komponist ans Ende seines Werks. Und er komponiert zu dieser letzten Aussage eine unerhörte musikalische Steigerung. Für mich ist ganz eindeutig, dass es auch seine persönliche Hoffnung ist, die hieraus zu uns spricht.

In Kontrast zu den vielen subjektiven Reaktionen auf das Geschehen gibt es dann auch Passagen, in denen sich Bach kompositorisch verneigt vor der unfassbaren Größe Gottes. Das sieht man zum Beispiel im Einleitungschor: »Herr, Herr, Herr, unser Herrscher, dessen Ruhm in allen Landen herrlich ist.« Aus dieser Musik spricht Bachs unvergleichliche Größe als Komponist – sie war ihm übrigens auch selbst bewusst. Aber er prahlt nicht damit, sondern er ordnet sich selbst seinem Gott unter. Er dient ihm in diesen Takten tatsächlich »mit ganzem Herzen, mit ganzer Seele und mit ganzem Vermögen«, wie es in Deuteronomium 6, Vers 5 heißt. Kann man ein besseres Vorbild haben? Ich hoffe, und ich glaube auch, dass es dem Hörer ähnlich geht wie uns auf dem Podium: Die Musik vermittelt eine Ahnung vom Erhabenen. Das Vollkommene können wir nie erreichen, aber es schwebt uns immer vor. Und die Musik hilft uns dabei, denn »Der Geist hilft unser Schwachheit auf« – wie es in einer Motette von Bach heißt.

Was für ein religiöses Weltbild spricht für Sie aus Bachs Werken? Wo verorten Sie ihn im Spannungsfeld von altprotestantischer Orthodoxie und Pietismus?
Bei allen Reservationen, die er vielleicht einem extremen Pietismus gegenüber hegte, ist Bach doch weit mehr als nur der ruhmreiche Exponent der Orthodoxie. Er war ein persönlicher Christ und tief verwurzelt im barocken Alltag. Die Welt und das Reich Gottes waren für ihn keine unvereinbaren Realitäten. Bach hat das Alte und das Neue Testament auf einen gemeinsamen Nenner gebracht. Er ist auch heute noch unvermindert glaubhaft in seinen Aussagen, und zwar auch in seiner weltlichen Musik. Die Predigten in der Thomaskirche sind schon längst vergessen, aber die Kantaten des Kantors füllen heute noch die Kirchen. Das ist die Macht der Musik.
Ganz am Ende seines Lebens hat er sogar eine Brücke geschlagen von seiner protestantischen zur katholischen Welt. Ich spreche hier von der h-Moll-Messe. Vielleicht hatte er das Gefühl, dass er die Gemeinsamkeiten suchen möchte, den gemeinsamen christlichen Glauben. Die Unterschiede waren ja mehr als

genug betont worden in den unzähligen Kriegen und Blutbädern und in den furchtbaren Auseinandersetzungen. Da Bach Lutheraner war und auch an das Orthodoxe glaubte, war er wahrscheinlich auch ein »Ökumene«. Sonst hätte er nicht den kompletten katholischen Messtext in extenso vertont. Er hatte vorher auch kurze Messen geschrieben, die Kyrie-Gloria-Messen. Als er die kurze Missa schrieb, die er 1733 dem Sachsenkönig schickte, und die er später zur h-Moll-Messe erweiterte, war auch dies schon eine sehr lange Kurzmesse von einer Stunde Aufführungsdauer und für den Gottesdienst unmöglich. Die Huldigung an den König in Dresden, mit der Bach sich als Hofkapellmeister empfahl, war nur der äußerliche Anlass. Auf tieferer Ebene ging es in dieser Messe auch darum, dass Bach seinen tiefen Glauben als allgemeiner Christ und nicht nur als protestantischer Kirchendiener ausdrücken wollte. Den pietistischen Zug, der sehr oft in den Kantaten und den Passionen zu erkennen ist, findet man in der h-Moll-Messe kaum. Er war sicher ein sehr warmer Christ, nicht nur ein »Grobmatiker«. Zugleich war er theologisch bewandert.

Woher weiß man das?
Wir kennen die Notizen in seiner großformatigen Bibel, wo er am Rande sehr viele Anmerkungen angebracht hatte. Da sieht man Korrekturen des Drucktextes bei Druckfehlern, aber auch Fragezeichen oder theologische Kommentare an Stellen, mit denen er nicht einverstanden war. Er war also zutiefst in diese Materie eingetaucht und sehr gläubig, aber trotzdem nicht mit Scheuklappen. Er war ein lebendiger Christ und hat als lebendiger Christ auch diese Musik geschrieben.

Ist die h-Moll-Messe in Ihren Augen Bachs Opus magnum? Oder ist es unmöglich, das zu entscheiden?
Die h-Moll-Messe *ist* Bach. Mehr als von irgendeinem anderen Werk kann man sagen: In diesem Werk steckt der gesamte Bach. Natürlich gibt es auch »Die Kunst der Fuge«, die »Clavierübung«, »Das wohltemperierte Klavier« und weitere große Werke. Aber nichts, was er geschrieben hat, ist so umfassend,

beinhaltet so viele Stilarten, ist so vielfältig wie die h-Moll-Messe – nicht einmal die großen Passionen, so wunderbar sie auch sind. Da die h-Moll-Messe über einen langen Zeitraum hinweg entstanden ist, konnte Bach hier seine ganze Erfahrung hineinlegen. Die ältesten Sätze stammen aus den zwanziger Jahren des 18. Jahrhunderts und der zuletzt geschriebene Satz, »Et incarnatus est«, ist nur wenige Monate vor seinem Tod geschrieben. Das ist sein Vermächtnis. Stilistisch reicht die Spannweite in der h-Moll-Messe vom Gregorianischen Choral bis zur barocken Opernarie. Es gibt triumphale, virtuose Chorsätze wie das »Et resurrexit« oder das »Cum sancto spiritu«, es gibt Duette, es gibt sehr expressive Solostücke wie das »Agnus Dei«. Schon der Reichtum an Formen ist erstaunlich und der innere Reichtum ist es umso mehr. Ich würde viel geben, um Bach zu begegnen, lebend. Vielleicht ist das eines Tages möglich – wir glauben beide an die Auferstehung. Aber bis dahin kann noch viel Zeit vergehen. Wir haben ja sein Werk, und er hat da eigentlich alles niedergelegt, was er wollte, was er gefühlt hat.

Und was, würden Sie sagen, wollte er? Geht sein Œuvre darin auf, einen klingenden Gottesbeweis zu führen oder war Bach in seinem musikalischen Universalismus vielleicht auch der erste autonome Künstler?
Er wollte mit seiner Musik Gott ehren, aber auch das Gemüt ergötzen, sein eigenes, das seiner Familie, das seiner Thomaner-Schüler, das seines Publikums. Die Musik muss erfrischen, was etwas anderes ist als zu unterhalten. Intellekt und Gefühl müssen gleichzeitig erfrischt werden. Und niemand hat das so gekonnt wie Bach. Aber seine Virtuosität als Komponist war absolut beispiellos. Gleichzeitig war er auch ein Orgelvirtuose, er war sozusagen ein Paganini des Orgelspiels – entschuldigen Sie den Vergleich, aber ich möchte damit nur einen Begriff davon geben, wie spektakulär sein Talent als Orgelspieler war. Er war gleichzeitig Virtuose und Komponist und so dachte er von Grund auf polyphon. Er brauchte sich nicht an den Schreibtisch zu setzen, um etwas auszuklügeln. Alles kam ihm spontan und seine Fantasie muss unbegrenzt gewesen sein. Er war in seiner

Musik seinen Zeitgenossen immer weit voraus, er komponierte spannender und waghalsiger als sie alle. Und er hatte hohe Ansprüche, er verlangte die gleiche Anstrengung von seinen Kindern und auch von seinen Sängern in der Thomasschule. Wenn man nicht sein Allerbestes gibt, dann ist man eigentlich nicht würdig, diese Musik zu spielen oder zu singen.

Aber die ganze kompositorische Virtuosität war kein Selbstzweck, sondern sie war Mittel eines Dienstes an der Musik, eines Dienstes an Gott. Bach wollte auch eine Botschaft überbringen. Das ist in jedem Takt ganz klar. Darüber gibt es auch eine große Literatur, die nachweist, wie Bachs Tonsprache auch seine religiöse Welt spiegelt, seine religiösen Gefühle und sein Idealbild von Gott.

Die h-Moll-Messe steckt voll von solchen Beispielen.

In der Arie »Quoniam tu solus sanctus« spricht der Text von Gottes Größe: »Denn nur Du allein bist heilig, nur Du allein bist der Herr, nur Du allein bist der Höchste«. In diesem Thema umfassen schon die ersten beiden Töne eine ganze Oktave. Das soll ausdrücken, dass Gott groß und allumfassend ist. Außerdem ist dieses Thema von vorne und von hinten gelesen identisch. Dies bedeutet, dass Gott immer derselbe, unverwechselbar und unteilbar ist. Das ist ein Beispiel. Bach erfindet seine Themen also nach seinen Vorstellungen von Gott, oder davon, wie man Gott anpreisen soll, oder sie geben eine Vorstellung davon, wie man sich fühlt, wenn man vor Gott auf den Knien liegt und um Hilfe ruft. Das geschieht zum Beispiel im ersten Chor, der zugleich der längste Chor der ganzen h-Moll-Messe ist, im Kyrie Eleison. Das ist nicht nur eine schöne Musik. Es ist auch nicht nur eine Musik der Anbetung, zu der man die Hände faltet und sagt: »Gott ist gnädig und alles ist schön und wir freuen uns.« Das ist vielmehr ein Hilferuf. Die Musik beginnt mit einem Aufschrei: »Herr hilf mir. Ich hab schon X Instanzen besucht. Die sagen alle ›Nein‹, und jetzt komm ich zu Dir, denn Du bist meine einzige Hoffnung.« Es ist ein einzelner Mensch, der da schreit, es ist Johann Sebastian Bach, der selbst vor Gott steht. Und auch in der darauffolgenden Fuge geht es nicht nur um ein schönes

Thema, das nach allen Regeln durchgeführt wird, sondern der Ruf setzt sich in diesem Satz fort. Jede der fünf Stimmen, die in diesem Satz mitwirken, trägt diesen Ruf weiter in je eigener Weise, in eigener Tonlage, in ihrem eigenen Zusammenhang, mit verschiedenen Intensitäten. Stufenweise steigt es höher und wird intensiver und klingt zugleich wie ein Seufzer. Ausgehend von einem Ton weitet sich die Bewegung, die Oberstimmen gehen immer weiter nach oben, die unteren sinken immer tiefer ab. Das ist wie eine Spiegelung der Verzweiflung: Oben ruft die verzweifelte Seele, von unten kommt die Antwort. Es ist eine Musik mit enormer Sprengkraft, die auch einer von Bachs größten Orgelfugen ähnelt, der e-Moll-Fuge BWV 548. Sie trägt den Spitznamen »Keilfuge«, weil sich die Bewegung von einem Ton ausgehend allmählich in zwei Richtungen keilförmig aufspaltet. Die Spannung, die dadurch entsteht, ist sehr groß. Es ist auch eine seelische Spannung, ein Hilferuf. Wenn man diese Musik nur als etwas Schönes hört, hat man nicht die Botschaft in sich aufgenommen.

Dies ist auch ein Beispiel dafür, wie die Musik gleichsam mathematisch genau allein durch ihre Struktur hoch expressive Gehalte erzeugen kann.

Die Musik war für Bach in diesem Sinne sowohl schildernd und illustrativ, als auch eine autonome Kunst. Das ist die Besonderheit der Kunstmusik, dass sie auf der einen Seite eine völlig abstrakte, nonfigurative Kunst ist, die ihren eigenen Gesetzen folgt. Aber indem sie das tut, spiegelt sie gleichzeitig Seelenzustände. Eine Intervallspannung, also jene Spannung, die zwischen zwei Tönen entsteht, je nachdem wie weit sie auseinander liegen, spiegelt auch eine Spannung der Seele. Ein Intensitätszuwachs im Gefühl führt bei Bach meistens auch zu einer aufsteigenden Melodie. So, wie beim Singen die Stimmbänder umso stärker gespannt sind, je höher der Ton steigt, so steigt auch die seelische Temperatur mit einer aufsteigenden Melodie. Und wenn es nach unten geht, entspannt sie sich entsprechend. Bachs Melodien sind bis auf wenige Ausnahmen so geschrieben.

Was bedeutet das für die Interpretation?
Wissen Sie, es wird ja immer viel über Bach-Interpretationen diskutiert. Aber das ergibt sich eigentlich aus der Musik selbst. Interpretation ist nicht etwas, was sich irgendein Musiker einbildet nach dem Motto: »Hier wäre es schön, wenn wir ein Diminuendo machten.« Das liegt verborgen in der Musik selbst. Man muss nur sensibel genug sein, um das zu spüren, und ein kleines bisschen Wissen haben, aber das ist bei Bach sehr einfach. Auch der Hörer spürt diese wechselhafte Spannung in der Musik.

Bach hat auch weltliche Musik geschrieben: weltliche Kantaten, ein umfangreiches Werk für Tasteninstrumente, Sonaten und Partiten für Violine, auch Orchestermusik, Suiten und Konzerte. Sehen Sie eine grundlegende Differenz zu den geistlichen Werken?
Bach ist Kirchenmusiker durch und durch. Er hat natürlich auch weltliche Musik geschrieben. Aber im Charakter und in der Qualität unterscheidet sie sich kaum von seinen Kirchenwerken. Die Musik spricht dieselbe Sprache. Er hat auch in seinen weltlichen Werken Gott gedient. Aber nie hat es schönere Früchte getragen als in seinen Kirchenwerken. Wir haben schon vom größten gesprochen, der h-Moll-Messe. Aber ebenso ist es in den zweihundert Kantaten und den großen Passionen. Wir sind ungeheuer reich beschenkt mit diesem Erbe, wenn wir es pflegen.

Was also ist das Unvergleichliche an Bachs Größe?
Bach hat Gott in einer anderen Weise gekannt als die meisten Menschen. Es läge mir fern zu behaupten, er sei Gott ebenbürtig gewesen. Aber ich glaube, er stand Gott näher, weil er so ein großer Künstler war. Das hängt nicht damit zusammen, dass er vielleicht mehr gebetet hätte oder so etwas. Allein durch seine immense, außergewöhnliche Begabung stand er Gott nahe. Wir wissen, dass er ein Mensch war und kein Heiliger. Er konnte sehr zornig werden, sehr ungeduldig, weil er seine Qualitäts-

maßstäbe ständig verletzt sah, von seinen Kollegen und von seinen Knaben in der Schule. Diese Kenntnisse bereichern noch unser Bild von diesem unglaublichen Menschen, der immer und für jede Kleinigkeit kämpfen musste und doch nie das große Ziel aus den Augen verlor. Das konnte eigentlich nur ein Mann gemacht haben, der die Größe Gottes immer vor Augen hatte. Es gibt ein wunderbares Zitat von Mendelssohn über eine der Bach-Passionen, das sinngemäß sagt: Wenn ich allen Glauben an Gott verloren hätte, würde mir ein Choral von Bach reichen, um wieder zum Glauben zu finden. Da ist etwas Wahres dran. Diese Übereinstimmung von Musik und Text, das hat auf musikalische Seelen eine unglaubliche Wirkung.

Herbert Blomstedt findet, das Mendelssohn-Zitat sei ein gutes Schlusswort vor einer Mittagspause. Er ist glücklich, an den wenigen Tagen, die er zuhause verbringen kann, einmal nicht auswärts essen zu müssen. Lieber stellt er sich selber kurz in die Küche und kocht uns ein vegetarisches Mittagessen.

Die meisten der großen Werke begleiten Sie nun schon viele Jahrzehnte lang. Blicken Sie manchmal zurück auf Ihre älteren Interpretationen?
Ich habe ja immer schon viele Notizen in meine Partituren gemacht, und wenn ich dann nach einem oder mehreren Jahren zu dem gleichen Werk zurückkomme, wundere ich mich oft darüber, was ich damals notiert habe. Vieles sehe ich dann ganz anders, aber ich denke dann nicht, dass das Alte ganz falsch war. Ich hoffe, das geht so ein bisschen zickzackförmig, aber letztlich doch bergauf.

Spiralförmig vielleicht?
Ja, spiralförmig wäre realistisch.

Hören Sie sich manchmal Ihre alten Aufnahmen an?
Kaum. Und wenn es passiert, dann bin ich meistens sehr enttäuscht, das kann schwierig sein. Heute Mittag bekam ich Post von Herrn Braun, dem Tonmeister meiner Beethoven-Aufnah-

men mit dem Gewandhausorchester. Wir haben die 2. und die 7. Symphonie voriges Jahr bei Konzerten aufgenommen, und jetzt schickte er mir das erste Edit. Wenn ich so etwas abhöre, gibt es immer mehrere Seiten zu kommentieren, Stellen, die ich anders haben möchte. Wenn man die Aufnahmen wie mit dem Mikroskop anhört, macht man nur schlechte Feststellungen. Außerdem ändert sich die Sicht so schnell, was gestern gut war, ist heute nicht mehr gut. Das ist unser Schicksal, aber man freut sich trotzdem, dass vielleicht ab und zu etwas gelingt.

Kann man denn generalisieren, wie sich Ihre Interpretationen verändert haben?

Wenn man versuchen möchte, eine Linie in der Entwicklung zu sehen, denke ich, dass ich selbständiger und werkbezogener geworden bin. Alles, was außerhalb liegt, was andere sagen, wie andere spielen, wird mit zunehmendem Alter immer unwichtiger – und der Text wird immer wichtiger. Was man früher vielleicht mehr nach dem Gefühl gemacht hat, das interessiert einen dann nicht mehr.

Ebenso geht es mir mit der Bibel. Es ist nicht wichtig, wie andere das lesen, sondern ich selber muss versuchen, die Wahrheit herauszufinden. Und genauso ist es mit den Partituren: Primär ist, was dort steht. Man ist stärker bereit, Verantwortung zu übernehmen, je älter man wird. Man wird auch waghalsiger. Als Anfänger ist man noch abhängiger von Vorbildern und Lehrern. Wie spottete Toscanini: »Tradition? Die letzte schlechte Aufführung nennt man Tradition«. In der Tradition liegt selten die Wahrheit.

Ich kenne die Bibel recht gut. Wir haben sie, als ich ein Kind war, jeden Tag gelesen. Aber ich lese sie heute völlig anders. Es ist nicht so, dass ich denke, es sei alles falsch gewesen vorher, aber ich erkenne doch andere Nuancen und Zusammenhänge. Wenn man nur die Bibel liest, bekommt man nicht den richtigen Hintergrund. Man muss sie wie Literatur lesen. Die Propheten waren große Leute und von Gott inspiriert, aber sie waren vor allem Künstler. Nehmen Sie das Buch Hiob. Da gibt es vier Kapitel, in denen Gott spricht, aber es ist natürlich nicht Gott, der spricht, sondern der Künstler. Als Kind nimmt man die Dinge wörtlich, und ganz ähnlich geschieht es in der Musik. Da hört man als Kind zunächst nur die schönen Melodien, aber das ist nicht alles, das ist erst der Anfang.

Hören Sie sich Aufnahmen von anderen Dirigenten an?
Sehr selten, weil ich mich nicht beeinflussen lassen möchte. Ich fühle mich inzwischen sicher und möchte mich auf mich selbst verlassen, wobei ich natürlich weiß, dass ich kein Orakel bin. Aber für heute stimmt es. Für mich. Bei Beethoven habe ich manchmal eine Ausnahme gemacht und mir andere Aufnahmen angehört, weil mich der Umgang mit den Tempi interessiert. Die Neunte von Beethoven spielt man als Gewandhauskapellmeister jedes Jahr, ich habe sie daher schon sehr oft dirigiert. Als ich sie mit dem Gewandhausorchester vergangenes Silvester aufgeführt habe in einem Konzert, das jetzt auch auf DVD herauskommt, wollte ich ein bisschen mehr Hintergrund haben. Und so habe ich mir ein paar Aufnahmen angehört, darunter auch Wilhelm Furtwänglers Aufnahme von 1945 aus Bayreuth, die sehr bewegend ist und eine enorme Spannung hat. Außerdem habe ich einmal eine Toscanini-Box mit hundert CDs erstanden und seine Beethoven-Aufnahmen aus den vierziger und fünfziger Jahren studiert. Das war hoch interessant, denn obwohl es damals die kritischen Editionen noch nicht gab, dirigierte Toscanini ganz dicht an den Metronomangaben von Beethoven. Vielleicht kannte er sie, denn sie waren ja nicht völlig unbekannt, sie standen nur nicht in den Partituren. Damals habe ich Beethovens Tempoangaben noch nicht richtig ernst genommen. Ich habe Toscaninis Integrität und seine Disziplin sehr bewundert, aber fand damals, sein Beethoven klang ein bisschen wie Verdi. Wenn ich mir diese Aufnahmen heute anhöre, denke ich, es gehörte zu dieser Zeit viel Mut dazu, Beethoven auf diese Weise zu spielen. Natürlich war es Toscanini auch darum gegangen, so anti-furtwänglerisch zu sein wie möglich. Für mich war Toscanini ein zukunftsweisender Dirigent, Furtwängler natürlich faszinierend, aber es war eine Sackgasse, die er beschritten hat.

Von Furtwängler gibt es von ein und demselben Werk manchmal sehr verschiedene, ja sogar fast konträre Interpretationen. Er betrachtete die Werke ständig aus wechselnden Perspektiven.
Das stimmt, seine Interpretationen waren im Wortsinn einmalig, worin natürlich auch etwas Gutes liegt. Er komponierte das Stück jedes Mal neu, was auch damit zusammenhängt, dass der Komponist Furtwängler ein Dirigent aus Nöten war. Furtwängler komponierte eben auch dann, wenn er Beethoven spielte. Seine eigenen Kompositionen kenne ich zu wenig, um etwas dazu sagen zu wollen. Ich habe zwar manches von ihm gehört, aber seine Musik hat mich nicht gleich derartig fasziniert, dass ich sie dirigieren wollte. Aber eigentlich würde ich das jetzt gerne noch einmal machen, aus Respekt vor ihm. Seine Musik ist doch auch ein wichtiges Zeitdokument. Mit Daniel Barenboim hatte ich einmal vereinbart, das Klavierkonzert von Furtwängler zu machen. Aber noch haben wir nicht die Zeit gefunden.
Die Generation vor mir hatte eine ganz andere Ethik der Musik gegenüber, man nahm sich sehr viele Freiheiten heraus. Im neunzehnten Jahrhundert war es noch extremer, Johannes Brahms hat in seinen Ausgaben von Schubert-Symphonien kurzerhand eigene Takte hinzu komponiert. Wenn er etwas als ein Manko empfand, hat er es einfach in seinem Sinne korrigiert, ohne das irgendwo anzugeben oder kenntlich zu machen. Ein solches Vorgehen ist für uns heute völlig unmöglich, aber in dieser Zeit war es völlig normal. Heute haben wir einen sehr hohen Standard in der Edition der musikalischen Werke erreicht, denn es soll nichts in der Partitur stehen, was nicht aus der Hand des Komponisten stammt. Alles wird genauestens dokumentiert, was ich sehr begrüße.

Ihre neuen Beethoven-Aufnahmen mit dem Gewandhausorchester stehen kurz vor dem Abschluss. Halten Sie sich konsequent an Beethovens Metronomangaben?
Ja, meine Erkenntnis ist inzwischen, dass man Beethovens Metronomzahlen durchgehend ernstnehmen muss. Man darf

es nur nicht sklavisch machen, sonst wird es mechanisch. Man muss flexibel bleiben, unmerkliche Modifikationen einfügen. Früher hieß es, diese schnellen Tempi seien nicht spielbar. Aber es ist alles spielbar. Und auch dort, wo es fast unspielbar wird, ist genau das sicherlich so gewollt. Auch dann trägt das Tempo zum Charakter bei, denn es ergibt einen spezifischen Ausdruck, wenn man sich spieltechnisch an der Grenze zum Unmöglichen bewegt. Wenn alles ganz bequem zu spielen ist, verliert die Musik etwas von ihrem stürmischen Charakter. Durch die neuen Ausgaben verändern sich unsere Interpretationen, doch auch mit ihnen kann es keine Eindeutigkeit geben. Im zweiten Satz der »Eroica« gibt es so eine Stelle, bei der ich schließlich die Quellen zu Rate gezogen habe. Ich benutze die Ausgabe von Jonathan del Mar, der eine wunderbare Arbeit geleistet hat. Aber selbst dort stößt man an die Grenzen, zum Beispiel, wenn es um die Verwechselbarkeit von Akzentzeichen und dem Zeichen für Diminuendo geht. Beethoven schreibt seine Akzente manchmal ganz kurz und manchmal gehen sie über den ganzen Takt, dann sehen sie aus wie ein Diminuendo-Zeichen. Beides hört sich aber völlig anders an. Beim Akzent muss der Ton anschließend sofort ins Piano wechseln, beim Diminuendo bleibt es ein kontinuierlicher Vorgang. Als Herausgeber der Partitur muss man aber eine praktikable Entscheidung treffen, denn sonst können die Musiker nicht spielen. Im zweiten Thema des langsamen Satzes der »Eroica« gibt es eine Stelle, an der Beethoven bei der Wiederholung des Themas aus dem Akzent ein Diminuendo macht. Die Phrase wird in der Wiederholung auch melodisch gesteigert, sie steigt höher als zuvor.

Herbert Blomstedt singt beide Varianten vor.

Bei del Mar steht auch an der späteren Stelle ein Akzent, aber ich hatte den Eindruck, dass dort eher ein Diminuendo gemeint sein müsste. Es verändert sich dynamisch, weil sich auch die Noten verändern. Als ich die »Eroica« in Wien mit den Philharmonikern spielte, schaute ich mir also die originalen Stimmen an, die Beethoven für seine Aufführungen benutzt hatte und in denen seine eigenen Korrekturen stehen. Das Autograph der Partitur ist verschollen, aber in dem Stimmmaterial findet man tatsächlich ganz klar ein ganz langes Diminuendo über den ganzen Takt. In einer der Stimmen stand sogar ausformuliert: »decrescendo«. Das war eine neue Erkenntnis. Die Wiener Philharmoniker hatten den zweiten Satz auch noch nicht im originalen Tempo gespielt. Da steht Viertel = 80. Aber die meisten spielen hier höchstens ein Tempo von Viertel = 50. Interessant sind auch die Folgen, die sich ergeben, wenn man die falschen Tempi nimmt. Der erste Satz der »Eroica« verlangt eigentlich eine Reprise der Exposition, die fast nie gespielt wird. Warum nicht? Es ist klar: Wenn man den Satz zu langsam spielt, kann man das nicht zweimal hören. Aber wenn man den Satz »con brio« spielt, wie es die Metronomangabe verlangt, dann funktioniert die Wiederholung prima. Man muss nur die Tempoangabe ernst nehmen und dann dirigiert man den Satz in Eins und nicht in Drei. Für das schnelle Tempo braucht man natürlich ein gutes Orchester.

Die Instrumente haben sich seit der Beethoven-Zeit weiterentwickelt. Das moderne Orchester klingt anders, als das des 19. Jahrhunderts. Deshalb hat vor allem die ältere Dirigentengeneration Retuschen vorgenommen und die Instrumentation an manchen Stellen geändert. Was halten Sie davon?
Ich weiß, dass Gustav Mahler, der sehr viel retuschiert hat, auch über seine eigenen Werke gesagt hat, die nachfolgenden Dirigenten hätten nicht nur seine Erlaubnis zu retuschieren, sondern sie müssten dies sogar tun, wo es notwendig sei. Das muss man mit einem Körnchen Salz nehmen, das ist keine *Carte blanche* dafür, alles zu ändern. Denn meistens kann man, wenn etwas nicht funktioniert, sich selbst ändern und muss nicht in die Partitur eingreifen. Man kann etwas an der Klangbalance ändern. Wenn beispielsweise die Klarinetten nicht zu hören sind, muss man eine andere Gruppe etwas zurücknehmen. In den meisten Fällen braucht man nichts zu ändern, aber manchmal ist

es legitim. Beethoven hat selbst damit gerechnet, die Holzblasinstrumente zu verdoppeln. In der 4. Symphonie hat er sogar schriftlich fixiert, wo die Bläser doppelt spielen sollen. Dort finden sich die Einträge »Soli« und »Tutti«. Aber man kann die Balance auch durch dynamische Abstufungen verändern. Ich habe mit der Kapelle bei einigen Symphonien verdoppelt, weil die Musiker das wollten. Aber in diesen Fragen sollte man nicht zu dogmatisch sein. Ich ändere also aus Prinzip so wenig wie möglich, und wenn überhaupt, dann so, dass niemand es merken soll. Ich mache auch nicht die Änderungen, die Felix Weingartner empfohlen hat. Weingartner empfahl, dass man die Hörner auch an Stellen einsetzen solle, wo es nicht in der Partitur steht. Der Hintergrund liegt darin, dass man heute dank der modernen Hörner alle Töne erzeugen kann, man kann sie also an Stellen spielen lassen, wo es früher technisch unmöglich war. Aber ich finde, man braucht das gar nicht zu tun. Es ist auch schön, wenn die Hörner nur mit den Naturtönen eingesetzt werden, die die alten Hörner spielen konnten. Das macht musikalisch Sinn, zum Beispiel in der Fünften Symphonie. Dort, wo sich die Musik in einer Tonart bewegt, in der die alten Hörner nicht spielen konnten, verlegte Beethoven das Thema in die Fagotte. Ich finde gerade die Abwechslung klingt schön. Die Fagotte sind ein bisschen schwächer, das ist wahr, aber sie können auch recht laut spielen. Und wenn die Hörner dann wieder einsetzen, wenn man in der Tonika angelangt ist, hat man sofort das Gefühl, wieder zuhause zu sein. Ich weiß noch, dass meine Lehrer immer empfohlen haben, überall die Hörner spielen zu lassen, weil es dann kräftiger klingt. Aber wenn die Fagotte richtig *fortissimo* spielen, kann das schon beeindruckend klingen.

Und welche unmerklichen Retuschen machen Sie?

In der 6. Symphonie von Beethoven gibt es zum Beispiel im Scherzo eine Stelle, wo man die Nebenstimme der 1. Flöte bei großer Streicherbesetzung nicht hört, obwohl sie *fortissimo* spielt. Da die 2. Flöte nur ein paar Harmonietöne zu spielen hat, lasse ich sie mit der ersten spielen und gebe die Harmonietöne der 3. Flöte. Das ist nur eine kleine, winzige Änderung. Es gibt auch im Tutti wichtige Unisono-Stellen der Bläser, an denen die Klarinetten schweigen. Dort sollte man sich überlegen, ob man sie nicht doch einsetzt, weil es schließlich ein Tutti ist. Die Klarinetten waren zu Beethovens Zeiten noch nicht völlig akzeptiert im Orchester. Ein Genie wie Mozart hatte sie bereits als Farbe eingesetzt und wunderbare Sachen für Klarinette geschrieben. Aber Beethoven meidet sie zum Beispiel an manchen Stellen der 2. Symphonie selbst als Tutti-Instrument. Das nur als Beispiel. Außerdem mache ich auch einige dynamische Retuschen.

Die Dynamik ist natürlich auch eine flexiblere Angelegenheit als die Instrumentation. Es gibt keine verbindlichen Angaben darüber, wie laut ein Forte sein muss oder wie leise ein Piano.

Das habe ich gestern Morgen wieder gesehen, als ich Mendelssohns »Lobgesang« studiert habe. Da gibt es Stellen, an denen steht *pianissimo* und zwei Takte später heißt es *sempre piano*. Wenn man das wörtlich nimmt, müsste das *piano l*auter sein als das *pianissimo* vorher. Aber ich glaube, das hat er nicht gemeint. *Sempre piano* soll hier heißen: Bleiben Sie soft, weich. Man muss die Angaben mit Verstand lesen und nicht nur wörtlich nehmen. Das ist dasselbe wie mit der Bibel. Wenn man die Bibel wörtlich nimmt, landet man oft völlig falsch. Wenn man alles nur symbolisch nimmt, landet man auch falsch. Man muss so gescheit sein, dass man entscheiden kann, an welcher Stelle man den Text wörtlich nehmen muss und an welcher metaphorisch. Aber Gott hat uns als intelligente Menschen geschaffen. Hoffentlich.

»DIE LETZTEN ENTSCHEIDUNGEN WERDEN WOANDERS GEFÄLLT«

EIN WIEDERSEHEN IN LEIPZIG:
Konzentration auf das, was wirklich zählt

Wir treffen uns nach acht Jahren erneut in Leipzig. Auf dem Tisch des Hotelzimmers liegt die 2. Symphonie von Beethoven. Es ist ein Samstag, Sabbat für Herbert Blomstedt, und das bedeutet: ein arbeitsfreier Tag der Regeneration und Besinnung. Herbert Blomstedt ist erholt und gut gelaunt, voller Energie, Ausdauer und Freude am Gespräch. Vor einigen Monaten hat er seinen Wohnsitz von Luzern wieder nach Schweden verlegt und schwärmt von seiner zentral gelegenen, großzügigen Altbauwohnung in Göteborg. Wenn er nicht gerade probt oder Konzerte gibt, verbringt Herbert Blomstedt die Sommer auf einem Nachbargrundstück seiner Tochter Kristina in der Nähe von Örebro. Er könne dort zwar nicht mehr alleine den Wald durchstreifen, erzählt er lachend, »aber die Pilze wachsen trotzdem«.

Wie geht es Ihnen, Herr Blomstedt?
Ich fühle mich sehr gut – fast so, als würde ich mit den Jahren jünger statt älter. Ich bin beweglich, gesund und dafür bin ich sehr dankbar.

Nicht nur Sie – auch die Musikwelt ist dankbar. Ihre Konzerte geben vielen Menschen Kraft, das höre ich immer wieder.
Ja, auch ich höre das oft. Es gibt ja wirklich eine ganze Menge Enthusiasten – manchmal auch geradezu verrückte Fans, vor allem in Japan. Aber sie stören mich nie. Und die Orchester, mit denen ich arbeite, spielen so wunderbar mit mir. Eigentlich weiß ich gar nicht genau, warum das so ist. Ich dirigiere inzwischen im Sitzen und mache am Pult weniger »Physik« als je zuvor. Ich konzentriere mich auf Werke, die ich wirklich gut kenne. Das genügt.

Womit beschäftigen Sie sich gerade? Auf Ihrem Tisch liegt eine Beethoven-Partitur …
Nächste Woche beginnen die Proben zu einem Beethoven-Abend – und ich habe das lange nicht mehr dirigiert. In letzter Zeit stand oft Bruckner auf dem Programm, auch Mahler und Mendelssohns »Lobgesang«. Dieses Werk hatte ich entdeckt, als wir vor acht Jahren an diesem Buch gearbeitet haben – seither kehre ich immer wieder zu ihm zurück. Ich liebe den »Lobgesang« und die Gedanken, die dahinter liegen. Er beginnt ja mit drei reinen Orchestersätzen, ohne Text, ohne Chor, nur Musik. Und trotzdem: reines Gotteslob. Ich denke, genau das meinte Mendelssohn.

Und dann folgen sieben Sätze mit Gesang …
Ja, wunderbare Arien und Chöre. Der achte Satz ist ein Bach-Choral, »Nun danket alle Gott«. Die erste Strophe *a cappella*, die zweite mit einer bewegenden Orchesterbegleitung. Mendelssohn schreibt dafür ein sehr langsames Tempo vor – und das sollte man auch beibehalten. Heute glauben viele, sie wüssten besser, wie man Bach zu spielen habe. Aber Mendelssohn war ein

Meister der Proportion, der Balance. Bei ihm muss das Ganze stimmen, man kann nicht einfach mal hier freier musizieren und sich dort an die Metronomangaben halten. Dann kippt das Gleichgewicht.

Und wo werden Sie den Beethoven dirigieren?
Der kommt demnächst in Göteborg, ein reines Beethoven-Programm: die 2. und die 7. Symphonie. Die Zweite liebe ich besonders, obwohl sie oft unterschätzt wird. Alle schauen auf die »Eroica« als den großen Durchbruch – was ja auch stimmt. Aber viele ihrer Ideen sind in der 2. Symphonie schon vorhanden. Sie ist erstaunlich modern.

Das Werk wird oft mit Beethovens beginnender Ertaubung und seinen inneren Kämpfen in Verbindung gebracht. Kurz nach Vollendung der Symphonie schrieb er sein »Heiligenstädter Testament«.
Ja, das war eine schwere Zeit für ihn – aber davon hört man in der Musik nichts. Im Gegenteil: Die Zweite ist voller Kraft, voller Lebensfreude. Das ist überhaupt typisch für Beethoven. Er klagt nicht in seiner Musik. In dieser Hinsicht ist er Bruckner sehr ähnlich.

Auch Bruckner hat als Komponist schwere Krisen durchgestanden und in vielen Phasen seines Lebens sehr gelitten.
Natürlich, er hat wahnsinnig viel durchgemacht. Aber in seiner Musik klagt er trotzdem nicht. Seine ersten sechs Symphonien wurden verrissen – nicht nur von der Presse, sondern auch von klugen Dirigenten und Komponisten. Hans von Bülow zum Beispiel sagte über ihn: »Halb Genie, halb Trottel.« Dieses Zitat wird heute noch in Programmheften gedruckt, als sei es besonders originell. Dabei sucht man dann krampfhaft nach dem »Trottelhaften« in der Musik – und überhört, worum es Bruckner eigentlich ging.

Sie dirigieren inzwischen sehr viel Bruckner, in Leipzig natürlich, wo Sie mit dem Gewandhausorchester ja auch einen ganzen Zyklus eingespielt haben, aber nun auch in Schweden. Das war nicht immer so, oder?
Absolut nicht. Ich erinnere mich noch, wie ich damals beim Symphonieorchester des Schwedischen Rundfunks debütierte. Man sagte mir: »Du darfst alles vorschlagen – nur keinen Bruckner.« Die Sorge war, dass man damit den Saal nicht voll bekomme. Denn in Schweden ist Bruckner keine Selbstverständlichkeit. Ich erinnere mich, wie ich als Student 1950 oder 1951 in Stockholm die Wiener Philharmoniker unter Wilhelm Furtwängler hörte. Ein seltsames Konzert. Er begann mit dem 3. Brandenburgischen Konzert von Bach, das Furtwängler vom Cembalo aus leitete. Danach folgte ohne Pause Bruckners 8. Symphonie. Er hatte bei Bach eine volle Streicherbesetzung und einer der Kontrabassisten verließ dann für Bruckner die Bühne, um mit einer Tuba wiederzukommen. Das war damals nicht ungewöhnlich – vor allem Militärmusiker spielten oft beide Instrumente. Aber Bruckner mit sieben Kontrabässen und Bach mit acht? Schon als Student fand ich das verrückt.

Ich war da im vierten Jahr meines musikwissenschaftlichen Studiums. Mein Professor, ein Mittelalterspezialist, hatte über schwedische Sequenzen promoviert. Ich wusste schon genau, wohin ich wollte – war aber trotzdem völlig unkritisch fasziniert von Furtwänglers Bruckner. Und ich wollte ihn unbedingt sehen, als er den Saal verließ. Ich hatte ihn ein paar Jahre zuvor schon einmal in Göteborg getroffen und mir ein Autogramm geben lassen – während des Krieges. Furtwängler spielte ja nur in der Schweiz und in Schweden, weil er nicht in den besetzten Gebieten auftreten wollte. Das war unser Glück. Jedenfalls: Nach der Achten wartete ich am Künstlerausgang. Furtwängler kam die Treppe herunter – und war wütend. Sein ganzer Körper zitterte vor Zorn. Er rief: »Nie wieder dirigiere ich Bruckner in Stockholm! Nie mehr!« Das Publikum hatte sehr verhalten reagiert – dabei hatten die Wiener Philharmoniker ihr Herzblut gegeben. Ich sagte mir damals: Das werde ich ändern. Das war natürlich jugendlicher Übermut – aber ich nahm mir vor, Bruckner in Schweden zu etablieren.

Und ist Ihnen das gelungen?
Als Chefdirigent ist mir das damals in Schweden nicht gelungen. Wir hatten mit Bruckner kaum Erfolg. Bis heute ist die Gruppe der Bruckner-Liebhaber dort sehr klein. Man findet seine Symphonien zu lang, zu kompliziert, zu laut. Aber jetzt haben mich die Königlichen Stockholmer Philharmoniker gebeten, Bruckners 9. Symphonie zu dirigieren. Das hat mich sehr gefreut. Vielleicht ändert sich ja etwas.

Jedes Konzert von Ihnen erfährt heute eine große Resonanz, nicht nur im Publikum, sondern auch in der Presse. Wie nehmen Sie die Reaktionen auf Ihre Konzerte wahr?
In den Kritiken geht es oft mehr um mein Alter als um die Musik. Das ist verständlich. Für Journalisten, die sich mit Musik nicht so gut auskennen, ist es einfacher, über mein Alter zu schreiben als über eine Bruckner-Interpretation. Der inzwischen pensionierte schwedische Kritiker Carl-Gunnar Åhlén, ein sehr kluger und feiner Mensch, hat einmal zu mir gesagt: »Du brauchst dich ja nur hinzustellen. Es ist egal, was du machst – sie werden dich vergöttern.« Das war natürlich übertrieben. Aber es steckt ein Körnchen Wahrheit drin.

Und wenn Sie an die Reaktionen des Publikums denken? Gibt es da große Unterschiede? War zum Beispiel das Publikum in Dresden anders als in Stockholm?
Ganz anders. In Stockholm spürte man oft diese gewisse Hochnäsigkeit: »Das kennen wir doch alles schon.« Man war ein bisschen verwöhnt. Auch im Orchester übrigens. Viele der Philharmoniker hatten schon unter Arturo Toscanini gespielt. Diesen Stolz ließen sie einen jungen Menschen sofort spüren, auch wenn es niemand aussprach. Man hatte als junger Dirigent das Gefühl, dass man geduldet war, aber nicht wirklich angenommen. In Dresden dagegen stand diese enorme Freude an der Mu-

sik im Vordergrund, da ging es immer um die Konzentration auf den Probenprozess und die Qualität der Aufführung. Sie spielten mit einer solchen Hingabe, mit Ernst, mit Schönheit. Das hat mich damals überwältigt.

Sie sind vor Kurzem für Konzerte nach Dresden zurückgekehrt. Wie hat sich die Stadt verändert? Was nehmen Sie wahr?
Ja, ich kehre regelmäßig dorthin zurück – ebenso nach Leipzig, zum Gewandhausorchester. Ich bin überall sehr willkommen, aber Dresden ist ein besonderer Ort geblieben. Da ist immer noch etwas von der früheren Atmosphäre zu spüren – eine große Ernsthaftigkeit und eine gewisse Feierlichkeit. Man spürt schon beim Auftritt auf der Bühne eine Haltung des Respekts, der Freude im Saal. Das ist wohltuend. Die Leute kommen gut gekleidet. Sie wissen, dass es etwas Besonderes ist, diese Musik zu hören. Und es ist wirklich ein Wunder, wenn man eine Karte bekommt – alles ist durch Abonnements ausverkauft.

Aber das Orchester selbst hat sich sicher verändert in all den Jahrzehnten?
Sehr. Die Staatskapelle hat große Schwierigkeiten gehabt. Früher kamen die Musiker fast alle aus Sachsen oder Thüringen. Sie waren durch die regionalen Hochschulen mit dem Orchester verwoben – als Schüler, als Nachfolger von »Kapellisten«. Eine Tradition wurde weitergegeben. Heute sind etwa 25 Nationalitäten im Orchester vertreten. Viele großartige Musiker – aber das Fundament des Dresdner Stils ist nicht mehr dasselbe. In Leipzig ist das anders. Das Gewandhausorchester war nie so auf eine bestimmte Spielweise fixiert wie die Sächsische Staatskapelle. Im Gewandhaus gab es immer eine gewisse Offenheit. Aber auch dort natürlich: ein tiefer Stolz, ein äußerst hohes Niveau. In Dresden war man jedoch überzeugt, eine einzigartige Klangtradition zu verwalten – und hat sie mit aller Kraft verteidigt. Es war beeindruckend, zu sehen, wie junge Musiker von ihren älteren Kollegen lernten. Und manche haben sich ganz bewusst angepasst wie Peter Mirring, der aus Berlin kam, aber dann als

Konzertmeister der Staatskapelle den Dresdner Stil verinnerlicht hat. Er wurde zu einem typischen Dresdner Musiker. Er verlor kein Wort darüber, sondern fügte sich einfach ein in den Dresdner Klang. Ich schätze ihn sehr.

Sie haben mir oft und viel von einzelnen Menschen erzählt, die damals bei Ihnen im Orchester gespielt haben. Haben Sie eigentlich noch Kontakt zu Musikern aus Ihrer Zeit in Dresden?
Lustig, dass Sie mich das ausgerechnet heute fragen. Gerade gestern kam nach dem Konzert in Leipzig Reinhard Krauß zu mir, der frühere Konzertmeister der zweiten Geigen in der Staatskapelle. Er hatte im Publikum gesessen, kam nach dem Konzert hinter die Bühne und ich habe ihn natürlich sofort erkannt. Ein wunderbarer Mensch, ein sehr enthusiastischer Spieler. Solche Begegnungen freuen mich sehr. Aber ich habe heute zweifellos mehr Kontakt zum Gewandhausorchester als zur Staatskapelle. Das Gewandhaus war nie so von einer exklusiven Selbstdefinition geprägt wie die Kapelle. Ich habe es vor meiner eigenen Zeit dort nur aus Konzerten unter Kurt Masur, Otmar Suitner oder Franz Konwitschny gekannt – und war nicht beeindruckt. Als ich 1998 die Leitung übernahm, war das Orchester in keinem guten Zustand. Aber es hat sich sehr schnell erholt – durch einen Generationswechsel, durch neue Musiker, durch eine neue Haltung.

Ein Grund dafür lag damals wohl auch in der besonderen Rolle des Orchesters in der DDR, oder?
Ja, das war ein entscheidender Faktor. Es war Dienst – keine Mugge. Die Belastung war enorm. Damit das Orchester auch bei Auslandsreisen vollständig weiterproben und auftreten konnte, hatte man 15 Musiker zusätzlich eingestellt. Aber der Qualitätsstandard war dadurch nicht überall gleich. Man merkte das deutlich – das Niveau sank.

Das ist natürlich eine Hypothek, wenn man ein neues Orchester übernimmt. Wie haben Sie als Gewandhauskapellmeister darauf reagiert?
Ich habe versucht, von Anfang an ein paar grundlegende Dinge zu ändern. Masur hatte alles selbst gemacht – er war nicht nur Dirigent, sondern auch Gewandhausdirektor und Betriebsleiter. Ich habe darauf bestanden, dass es wieder einen eigenen Gewandhausdirektor gibt – einen starken, eigenständigen Partner, mit dem man arbeiten kann. Das wurde akzeptiert und ich hatte das Glück, mit Andreas Schulz jemanden zu finden, der diese Funktion auf ideale Weise ausfüllte. Er ist bis heute im Amt und hat großartige Arbeit geleistet. Auch als Berlin und Köln ihn abwerben wollten, blieb er in Leipzig. Er fühlt sich hier verantwortlich – nicht nur als Verwalter, sondern als Mitgestalter.

Wenn Sie zurückblicken – welche Station war für Sie die wichtigere? Dresden oder Leipzig?
Dresden war für mich richtungsweisend. Die Staatskapelle hat später schwierige Zeiten erlebt, aber sie haben mir damals die Maßstäbe gezeigt: wie gut etwas sein kann und wie gut es sein muss. Sie war mein Leitstern. Heute ist das Gewandhausorchester auf diesem Niveau – aber es war ein langer Weg dorthin. Ich habe mit Freude mitgemacht. Nicht aus Ehrgeiz, sondern weil das Orchester es brauchte und ich helfen konnte. Es ist mein Orchester geworden – auch in der Stadt selbst. Ich habe, wie man so sagt, ein paar Duftmarken hinterlassen. Sogar baulicher Natur. Der schwedische Erzbischof Nathan Söderblom – eine beeindruckende Persönlichkeit und übrigens sehr musikalisch – hatte Anfang des 20. Jahrhunderts in Leipzig Religionswissenschaft gelehrt. Ich verehre ihn sehr. Als sein ehemaliges Wohnhaus restauriert wurde, bat man mich, zur Ermöglichung einer Gedenktafel beizutragen. Das habe ich gerne getan. Oder das Petershaus in der Talstraße: ein Jugendstilhaus mit engen Verbindungen zu Edvard Grieg. Der Musikverlag Peters stellte ihm dort zwei Zimmer zur Verfügung. Ich habe geholfen, daraus eine kleine Gedenkstätte zu machen.

Ihre Verbundenheit mit der Stadt Leipzig scheint auch persönlich sehr tief zu gehen und die Leipziger lieben Sie natürlich.

Ja, stellen Sie sich vor: Zu meinem 80. Geburtstag hat die Stadt einen Baum für mich gepflanzt. Er steht im Park hinter dem Gewandhaus. Er war anfangs vielleicht zwei, drei Meter hoch, mit einer kleinen Plakette darunter. Inzwischen ist es ein stattlicher Baum geworden. Das ist etwas Bleibendes, ein schönes Zeichen, und so etwas freut mich natürlich ungemein. Die Stadt hat auch eine große Identifikation mit dem Orchester. Gestern zum Beispiel wurde im Gewandhaus die neue Chororgel feierlich eingeweiht. Sie hat einen Subbass, den der Freundeskreis des Orchesters finanziert hat. Vor dem Konzert gab es eine halbstündige Einführung – das Publikum war einbezogen. Solche Ereignisse schaffen ein Gefühl von Verantwortung. Man spürt: Dieses Orchester gehört uns allen. Andreas Schulz hat ein sehr gutes Gefühl für diese Dinge.

Schon Arthur Nikisch, die große Figur in der Geschichte des Gewandhauses, hatte eine besondere Verbundenheit zu Leipzig. Als ihn die Berliner Philharmoniker riefen, sagte er zu, unter der Bedingung, dass er Leipzig behalten könne. Und so kam es. Er blieb bis zu seinem Tod – und liegt hier begraben.

Leider hat die DDR vieles zerstört. Walter Ulbricht ließ das alte Gewandhaus sprengen – angeblich, weil man Studentenwohnungen brauchte. Dabei war es ein akustisch hervorragender Saal. Dasselbe geschah mit der Paulinerkirche am Augustusplatz. Sie war unversehrt durch den Krieg gekommen, ein gotisches Juwel. Aber Ulbricht ließ sie wegsprengen, weil er fand, dass es zu viele Kirchen in Leipzig gebe. Was für eine bestialische Tat.

Der Stolz der Leipziger Bevölkerung auf ihre Kultur ist geblieben: Leipzig ist Buchstadt, Handelsstadt, Musikstadt. Und jetzt übrigens auch: Fußballstadt (*lacht*). RB Leipzig ist ein recht gutes Team, nicht? Ich weiß nicht, wie sie heute gespielt haben, aber sie sind vorne dabei. Die Ambitionen sind da.

Wie sehen Ihre Ziele und Wünsche für die nächsten Jahre aus? Gibt es bestimmte Konzerte in der Zukunft, von denen Sie sagen, darauf freue ich mich jetzt ganz besonders?
Das ist schwer zu sagen. Jetzt steht alles im Zeichen des 100. Geburtstags, der ist in zwei Jahren. Man denkt darüber nach, wie man das gestalten könnte. Keine gewaltigen Projekte, aber ein paar schöne Dinge.
In den letzten zehn bis fünfzehn Jahren habe ich viele Aufnahmen gemacht: die komplette Beethoven-Serie nach meiner Pensionierung, dann Brahms, Bruckner, Berwald. Auch Mendelssohn hätte ich gerne komplett aufgenommen, aber da wollte ich Andris Nelsons nicht im Weg stehen, denn er hat als Chefdirigent natürlich das erste Recht an so einem Projekt und dirigiert auch viel Mendelssohn – und natürlich Schostakowitsch. Als geborener Lette ist das für ihn wie Heimatmusik.

Da kommen Sie sich sicher nicht in die Quere, denn Schostakowitsch ist nicht unbedingt Ihr Fall, oder?
Das stimmt. In Dresden habe ich jedoch immerhin die 8. Symphonie und die 10. gemacht, zwei Werke von ihm, die ich sehr schätze. Aber grundsätzlich ist diese Haltung des Sarkasmus, die in vielen seiner Werke steckt, nicht mein Stil. In kleinen Dosen erfrischend, aber nicht als tägliche Nahrung. Ich beginne den Tag lieber mit Bach.

Und Sie dirigieren gerade einen zweiten Bruckner-Zyklus mit dem Gewandhausorchester.
Wenn ich unbegrenzt planen könnte, würde ich sogar alle neun Symphonien noch einmal machen. Aber das bleibt ein schöner Gedanke. Voriges Jahr haben wir die 8. Symphonie gemacht, davor die 7., nächstes Jahr kommt die 4. Die Achte hat derzeit keine befriedigende Ausgabe. Die Mischfassung von Robert Haas ist die beste, wenn auch nicht in dieser Kombination von Bruckner selbst autorisiert – sie kombiniert verschiedene Fassungen, jede Note stammt von Bruckner selbst. Bruckner hat sich zu sehr von seinen Schülern beeinflussen lassen. Sie wollten, dass er Erfolg hat – und das bedeutete in ihren Augen: kürzen, vereinfa-

chen. Aber das hat den Gehalt verändert. Die erste Fassung der 8. Symphonie ist ein Meisterwerk – sie muss wieder hörbar gemacht werden. Die Dritte habe ich ja schon einmal ediert. Ich hatte mich in meiner Jugend auch mit Musikwissenschaft beschäftigt, bevor ich Dirigieren studierte. Diese frühen Erfahrungen haben mein Verständnis geprägt.

Viele Menschen bewundern Sie für Ihre Kraft, Ihre Positivität. Was ist Ihr Rezept für ein erfülltes und produktives Alter, wie Sie es leben?
Ich konzentriere mich auf das Wesentliche, auf das, was ich wirklich mit Überzeugung sagen kann. Ich spiele zum Beispiel mehr Berwald – ich bin ein glühender Verfechter seiner Musik. Nicht alle teilen das. Ich aber bin überzeugt davon, dass es aus dieser Zeit, um 1840 herum, kaum etwas Besseres für Orchester gibt als Berwalds Symphonien. Ich habe vor ein paar Jahren Berwalds 3. Symphonie mit den Wiener Philharmonikern aufgeführt. Sie haben es fein gespielt – aber nicht als schöne Musik empfunden. Mit den Berliner Philharmonikern dagegen war es ein ganz anderes Erlebnis. Sie waren begeistert: »Mendelssohn und Schumann in Ehren – aber das hier ist ja noch besser!« Berwald hat sehr originell und eigenständig komponiert.

Hat sich Ihr Blick auf Werke oder Komponisten über die Zeit stark gewandelt?
Ja. Es gibt Musik, die ich als Teenager abgelehnt habe – wie etwa Liszt. Ich fand seine Orchestermusik übertrieben, fast kitschig. Mein Bruder nannte sie ein »Brechmittel«. Ich weiß noch, wie wir das 1. Klavierkonzert von Liszt hörten – wir fanden es schrecklich. Typische jugendliche Überheblichkeit. Und dann hörte ich vor Kurzem die »Faust-Symphonie« in einer Aufnahme – sehr gut gespielt, sehr differenziert. Und plötzlich konnte ich ihre Schönheit erkennen. Manchmal ändert sich der Blick mit der Zeit. Das finde ich tröstlich.

Darf ich fragen, wie es Ihnen gesundheitlich geht?
Es geht mir gut. Es gab einen Vorfall in Bamberg – ich bin im Hotel gestürzt, plötzlich sackten die Beine weg. Kein Stolpern, einfach nur ein Versagen. Ich vermute, ein Beckenbruch. Ich konnte nicht zur Preisverleihung des Opus Klassik reisen – aber ich habe es im Fernsehen gesehen. Es sind 2000 Menschen aufgestanden, das hat mich sehr bewegt. Ich wusste gar nicht, dass ich so bekannt bin.

Sie haben im Laufe Ihres Lebens sehr viele Auszeichnungen erhalten und in den letzten Jahren, seit die erste Ausgabe dieses Buches erschienen ist, sind noch einige hinzugekommen. Was bedeuten sie Ihnen?
Ich bin dankbar dafür – aber ich nehme sie nicht allzu wichtig. Eugen Jochum sagte einmal: »Das kommt alles in die Blechkiste.« So sehe ich das auch. In Schweden habe ich alles bekommen, was man bekommen kann – bis auf den Seraphinenorden, den gibt es nur für königliche Personen. Aber ich habe die Seraphinenmedaille erhalten, das ist die höchste zivile Auszeichnung des Landes. Eine echte Goldmedaille. Sie muss nach dem Tod zurückgegeben werden – an den Staat.

Und wie haben Sie die Coronazeit erlebt?
Erstaunlich gut. Ich hatte 2020 einen positiven Test, aber keinerlei Symptome. Wahrscheinlich war das also ein falsch-positives Ergebnis. Ich konnte nicht nach Bamberg reisen, das war sehr schade. Ich hatte drei Monate ohne Konzerte – und habe die Zeit genossen. Ich konnte Partituren studieren, lesen und ich habe sogar über Zoom unterrichtet. Es war für mich keine Zeit der Einsamkeit – sondern eine der Vertiefung.
Ich bin dankbar, dass ich noch reisen und dirigieren kann. Gut, ich nehme inzwischen den Lift. Früher bin ich im Gewandhaus die Treppen hinaufgestürmt und habe aus Prinzip keinen Lift genommen. Jetzt bin ich froh, dass es einen gibt (*lacht*).
Ich arbeite, solange ich kann. Und ich hoffe, dass ich eines Tages nicht aus Zwang aufhören muss, sondern in Frieden aufhören darf.

Wie beschäftigt Sie die politische Lage, die Krisen und die Kriege?

Oh, das beschäftigt mich enorm. Also ich kann keinen Tag, keine Nacht verbringen, ohne daran zu denken. Ich sehe das ständig vor mir: die Ukraine, Putin. Manchmal kann ich mehrere Nächte hindurch nicht schlafen. Aber am nächsten Tag trotzdem zu proben, ist kein Problem für mich. Wenn ich musiziere, bin ich voll da und vergesse, dass ich nicht geschlafen habe. Die Musik hilft. Und natürlich die Religion, der Gedanke, dass die letzten Entscheidungen nicht hier gefällt werden. Die letzten Entscheidungen werden woanders gefällt.

ANHANG

VITA

11.7.1927	Geburt als Sohn der Konzertpianistin Alida Armintha Blomstedt, geb. Thorson, und des Pastors der Freikirche der Sieben-ten-Tags-Adventisten Adolf Blomstedt in Springfield, Massachusetts, USA
1929	Umzug der Familie ins schwedische Nyhyttan, in der Provinz Örebro, wo der Vater die adventistische Missionsschule leitet
1932 bis 1945	die Familie wohnt an verschiedenen Orten in Finnland und in Schweden. Die vielen Umzüge ergeben sich durch die wechselnden Gemeidepositionen des Vaters.
1945 bis 1950	Studium der Fächer Musikpädagogik, Orgelspiel und Chorleitung an der Königlichen Musikhochschule in Stockholm; Studium in der Dirigierklasse von Tor Mann
1948 bis 1952	Studium der Musikwissenschaft an der Universität Uppsala
1949 und 1956	Teilnahme an den Internationalen Ferienkursen für Neue Musik am Musikinstitut Kranichstein
1950, 1951 und 1954	Sommerkurse in der Dirigierklasse von Igor Markevitch am Mozarteum in Salzburg
1952 bis 1953	Aufbaustudien am New England Conservatory of Music, Boston, an der Juilliard School of Music, New York, und am Tanglewood Berkshire Music Center, u. a. bei Jean Morel, Lukas Foss und Leonard Bernstein
3.2.1954	Debütkonzert am Konzerthaus Stockholm mit den Stockholmer Philharmonikern

1954 bis 1961	Chefdirigent der Norrköpings Orkesterförening
29.5.1955	Heirat mit Waltraud Blomstedt, geborene Petersen
29.5.1957	Geburt der Tochter Cecilia
23.10.1957	Tod der Mutter Alida Blomstedt
1958	sechswöchiges Studium an der Schola Cantorum in Basel
6.2.1959	Geburt der Tochter Maria
1961 bis 1967	Chefdirigent des Philharmonischen Orchesters Oslo. Herbert Blomstedt wohnt während seiner wechselnden Positionen als Chefdirigent mit seiner Familie in Danderyd bei Stockholm, bzw. von 1984 an in Luzern, um den Kindern die zahlreichen Ortswechsel seiner eigenen Kindheit zu ersparen.
1961 bis 1971	Professur für Dirigieren an der Königlichen Musikhochschule Stockholm
1967 bis 1977	Chefdirigent des Dänischen Radiosinfonieorchesters Kopenhagen
17.4.1969	Debüt bei der Dresdner Staatskapelle
27.12.1969	Geburt der Tochter Elisabet
4.2.1970	Debüt beim Gewandhausorchester, Leipzig
10.10.1971	Geburt der Tochter Kristina
1976	Debüt bei den Berliner Philharmonikern
23.8.1980	Debüt beim Boston Symphony Orchestra
28.1.1981	Tod des Vaters Adolf Blomstedt
9.4.1981	Debüt beim Los Angeles Philharmonic Orchestra
13.11.1981	Debüt beim NHK Symphony Orchestra, Tokio
18.12.1982	Debüt bei den Bamberger Symphonikern
1975 bis 1985	Chefdirigent der Dresdner Staatskapelle, heute: Sächsische Staatskapelle Dresden
8.2.1984	Debüt beim San Francisco Symphony Orchestra

1985 bis 1995	Music Director des San Francisco Symphony Orchestra
16.4.1987	Debüt beim Philadelphia Orchestra
7.1.1988	Debüt beim Chicago Symphony Orchestra
1988	Debüt beim Orchestre de Paris
10.3.1994	Debüt beim New York Philharmonic Orchestra
1996 bis 1998	Chefdirigent des NDR-Sinfonieorchesters, Hamburg
8.2.2003	Herbert Blomstedts Ehefrau Waltraud stirbt
2005	Debüt beim Symphonieorchester des Bayerischen Rundfunks
2006	Debüt beim Philharmonia Orchestra London
2011	Debüt bei den Wiener Philharmonikern
1998 bis 2005	Gewandhauskapellmeister beim Gewandhausorchester Leipzig
15.9.2005	Tod des Bruders Norman Blomstedt
Seit 2005	gibt Herbert Blomstedt um die 80 Konzerte pro Saison. Zu den Orchestern, die er regelmäßig dirigiert, zählen neben der Sächsischen Staatskapelle Dresden, dem San Francisco Symphony Orchestra und dem Gewandhausorchester die Wiener Philharmoniker, die Bamberger Symphoniker, das NHK Symphonieorchester in Tokio, das Royal Concertgebouw Orchestra, das Symphonieorchester des Bayerischen Rundfunks, das Orchestre de Paris, das Philharmonia Orchestra in London, die Boston und die Chicago Symphony, das Cleveland und das Philadelphia Orchestra, das New York und das Los Angeles Philharmonic Orchestra sowie die Berliner Philharmoniker.

ORCHESTER UND IHRE KÜRZEL

BP	Berliner Philharmoniker
BS	Bamberger Symphoniker
CSO	Chicago Symphony Orchestra
DRSO	Danmarks Radios Symfoniorkester, heute: Dänisches Nationalorchester
DS	Dresdner Staatskapelle, heute: Sächsische Staatskapelle Dresden
FS	Filharmonisk Selskap, Oslo, heute: Osloer Philharmoniker
GEW	Gewandhausorchester in Leipzig
GS	Göteborger Symphoniker
IPO	Israel Philharmonic Orchestra, Tel Aviv
LCO	Lucerne Festival Orchestra
MDR	Mitteldeutscher Rundfunk, Leipzig
NHK	Symphonieorchester des japanischen Rundfunks in Tokio
RCO	Royal Concertgebouw Orchestra, Amsterdam
SBR	Symphonieorchester des Bayerischen Rundfunks
SFO	Stockholms Filharmoniska Orkester / Königliche Stockholmer Philharmoniker
SFSO	San Francisco Symphony Orchestra
SRSO	Sveriges Radios Symfoniorkester / Sinfonieorchester des Schwedischen Rundfunks
SWF	Sinfonieorchester des Südwestfunks, Baden-Baden
TMCO	Tanglewood Music Center Orchestra

DISKOGRAPHIE

Alfvén, Hugo: En skärgårdssägen, op. 20; SFO 1977

Bach, Johann Sebastian: »Dona nobis pacem« aus: h-Moll-Messe; GEW 1999
h-Moll-Messe, (Ruth Ziesak, Anna Larsson, Christoph Genz, Dietrich Henschel, GEW-Kammerchor, Thomaskirche 8.5.2005), DVD; GEW 2005

Bartók, Bélá: Concerto for Orchestra; SFSO 1993
Kossuth; SFSO 1993

Beethoven, Ludwig van: Leonore (Gesamtaufnahme mit Edda Moser, Richard Cassily u. a.); DS 1976
Missa solemnis; GEW 2012
Symphonien 1–9; DS 1975–1980
Symphonien 1–9; GEW 2014–2017
Symphonien 1–9; DS 2020
Symphonien Nr. 1 und 3; SFSO 1990
Klavierkonzert Nr. 1, Symphonien Nr. 2 und 3 (Martha Argerich); LCF 2021
Symphonie Nr. 5 (Nikolaikirche 9.10.1999); GEW 1999
Symphonie Nr. 5; GEW 2000
Symphonie Nr. 4; TMCO 2006
Symphonie Nr. 9 (Eröffnung Semperoper); DS 1985

Berg, Alban: Sieben frühe Lieder (Kari Lövaas); NDR 1970

Berlioz, Hector: Symphonie fantastique; DS 1978

Berwald, Franz: Sinfonie singulière; SRSO 1977
Symphonien Nr. 1 und 4; SFSO 1991–1992

Borup-Jørgensen, Axel: Marin; DRSO 1976

Brahms, Johannes: Alt-Rhapsodie, Begräbnisgesang, Gesang der Parzen, Nänie, Schicksalslied (Jard van Ness, SFS Chorus); SFSO 1989
Ein deutsches Requiem (Elizabeth Norberg-Schulz, Wolfgang Holzmair); SFSO 1993

Drei Motetten op. 110, Fest- und Gedenksprüche op. 109, »Warum?«, Motette op. 74,1 (MDR-Chor); MDR 1996
Symphonie Nr. 1; DS 1991
Symphonie Nr. 1 C-Moll Op. 68 und Tragische Ouvertüre; GEW 2019
Symphonie Nr. 2; NHK 1985
Symphonie Nr. 2; GEW 2000
Symphonien Nr. 3 und 4; GEW 2022
Symphonie Nr. 4; GEW 1996
Symphonie Nr. 4; RCO 2007

Bruckner, Anton: Adagio für Streicher (aus dem Streichquintett); GEW 1997
Symphonien 1–9; GEW 2005–2012
Symphonien 1–9; GEW 2023
Symphonie Nr. 3 (1873); GEW 1998
Symphonie Nr. 3; BP 2009–2019
Symphonie Nr. 4 (Nowak); DS 1981
Symphonie Nr. 4 (Nowak); NHK 1985
Symphonie Nr. 4 (Nowak); SFS 1993
Symphonien Nr. 4 und 7; DS 2019
Symphonie Nr. 6 (Nowak); SFS 1990
Symphonie Nr. 7 (Nowak); DS 1980
Symphonie Nr. 7 (Nowak) (Dom zu Roskilde), DVD; DRSO 2007
Symphonie Nr. 9 (Nowak); GEW 1995
Symphonie Nr. 9; SBR 2023

Bäck, Sven-Erik: Sinfonia da camera; SRSO 1956
»Vid havets yttersta gräns«, Kantate; SRSO 1979

Chopin, Frédéric: Klavierkonzert Nr. 1 (Olli Mustonen); SFSO 1994

Dvořák, Antonin: Symphonie Nr. 8; DS 1974
Symphonie Nr. 8; IPO 2005

Eliasson, Anders: Canto del Vagabondo; SRSO 1980

Grieg, Edvard: Peer Gynt (Taru Valjakka, Edith Tallhaug); DS 1977
Peer Gynt (UrbanMalmberg, Marie-Anne Häggander); SFSO 1988
Peer Gynt: Suiten 1 und 2; SFSO 1988
Klavierkonzert (Olli Mustonen); SFS 1994

Gudmundsen-Holmgreen, Pelle: Chronos; DRSO 1971

Harbison, John: Oboe concerto; SFSO 1993
Symphony No. 2; SFSO 1993

Hiller, Johann Adam: Ouvertüre zu »Die Jagd«; GEW 1999

Hindemith, Paul: Der Schwanendreher, Violakonzert, (Geraldine Walther, Viola); GEW 1991
Konzertmusik für Streicher und Blechbläser; SFSO 1991
Mathis der Maler, Symphonie; SFSO 1987
Nobilissima visione, Suite; SFSO 1989
Die Harmonie der Welt, Symphonie; GEW 1996
Sinfonia serena; GEW 1997
Symphonische Metamorphosen; SFSO 1987
Trauermusik für Viola und Streicher (Geraldine Walther, Viola); SFSO 1987

Høffding, Finn: Det er ganske vist; DRSO 1970

Kvandal, Johan: Symfonisk Epos; FS 1968

Lidholm, Ingvar: Drei Gesänge mit Streichorchester (Margot Rödin); SFO 1967
Kontakion; GEW 2003
Poesis; SFO 1964
Ritornell för orkester; SRSO 1978
Skaldens Natt für Sopran und Orchester (Iwa Sörenson, Radiokören, Kammarkören); SRS 1981
Toccata e Canto; SFO 1966

Mahler, Gustav: Symphonie Nr. 2 (»Auferstehung«); SFSO 1992
Symphonie Nr. 5; NHL 1985
Symphonie Nr. 9; BS 2018

Matthus, Siegfried: Klavierkonzert (Annerose Schmidt); DS 1974
Responso, Konzert für Orchester; GEW 2004

Mendelssohn Bartholdy, Felix: Elias, Oratorium (Sybylla Rubens, Nathalie Stutzmann, James Taylor, Christian Gerhaher, GEW Chor, GEW-Kammerchor); GEW 2003
Klavierkonzerte Nr. 1 und 2 (Jean-Yves Thibaudet); GEW 1997
Klavierkonzert Nr. 2 (Bernd Glemser, Klavier); GEW 2004
Ouvertüre zu »Ruys Blas«; GEW 2004
Symphonie Nr. 3 (»Schottische«); SFSO 1991
Symphonie Nr. 3 (»Schottische«); GEW 2004
Symphonie Nr. 4 (»Italienische«); SFSO 1989

Mozart, Wolfgang Amadeus: Adagio und Fuge für Streicher, c-Moll KV 546; DS 1977
Divertimenti, D-Dur KV 136, B-Dur KV 137, F-Dur KV 138; DS 1976
Konzerte für Flöte Nr. 1, G-Dur KV 313, Nr. 2, D-Dur KV 314, Andante für Flöte, KV 315 (Johannes Walter); DS 1973
Konzerte für Horn Nr. 1, D-Dur KV 412, Nr. 2, Es-Dur KV 417, Nr. 3, Es-Dur KV 447, Nr. 4, Es-Dur KV 495, Rondo für Horn KV 371 (Peter Damm); DS 1974
Konzert für Oboe, C-Dur KV 314 (Kurt Mahn); DS 1973
Vier Konzertarien für Sopran (Edda Moser) »Schon lacht der holde Frühling«, KV 580, »Popoli di Tessaglia«, KV 316, »Ah, lo previdi«, KV 272, »Mia speranza adorata«, KV 416; DS 1978
Sieben Konzertarien für Sopran (Jeanette Scovotti) »Ma che vi fece – Sperai vicino il lido«, KV 368, »Voi avete un cor fidele«, KV 217, »No, no, che non sei capace«, KV 419, »Ah, se in ciel«, KV 538, »Chi sà, chi sà«, KV 582, »A questo – Or che il cielo«, KV 374, »Misero me – Misero pargoletto«, KV 77; DS 1979
Acht Konzertarien für Tenor (Peter Schreier) »Va, dal furor portata«, KV 21-19c ,»Or che il dover – Tali e cotanti sono«, KV 36-33i, »Con ossequio, con rispetto«, KV 210, »Clarice, cara mia sposa«, KV 256, »Se al labbro mio non credi / Il cor dolente«, KV 295, »Par pietà, non ricercate«, KV 420 »Misero! o sogno! / Aura, che intorno«, KV 431-425b; DS 1980

Fünf Konzertarien für Sopran (Jeanette Scovotti) »A Berenice / Sol nascente«, KV 70, »Non curo l'affetto«, KV 74b, »Fra cento affanni«, KV 88, »Alcandro, lo confesso«, KV 294, »Vorrei spiegarvi«, KV 418; DS 1981
Zwei Konzertarien für Sopran (Edda Moser) »Misera, dove sono«, KV 369, »Bella mia fiamma«, KV 528; DS 1982
Symphonie Nr. 35 KV 385 (»Haffner«); IPO 2005
Symphonie Nr. 38 KV 504 (»Prager«); DS 1973
Symphonie Nr. 38 KV 504 (»Prager«); DS 1982
Symphonie Nr. 38 KV 506 (»Prager«); GEW 2022
Symphonie Nr. 39 Es-Dur KV 543 Es-Dur; DS 1982
Symphonien Nr. 39, 40 und 41; SBR 2023
Symphonie Nr. 40 g-Moll KV 550; DS 1981
Symphonien Nr. 40 und 41; SBR 2018
Symphonie Nr. 41 KV 551 (»Jupiter«); DS 1981

Naumann, Johann Gottlieb: Te Deum, D-Dur, für Chor und Orchester; DS 1980

Nielsen, Carl: Konzert für Flöte (Frantz Lemsser); DRSO 1975
Konzert für Klarinette (Kjell-Inge Stevenson); DRSO 1975
Konzert für Violine (Arve Tellefsen); DRSO 1975
Sieben kürzere Werke: Andante lamentoso, En fantasirejse til Færøerne – Rhapsodisk ouverture, Bøhmisk-Dansk Folketone, Helios, Konzertouvertüre op. 17, Pan & Syrinx, Saga-Drøm, Symfonisk rapsodi; DRSO 1975
Aladdin, Suite; SFSO 1989
Maskarade, Ouvertüre; SFSO 1990
Symphonien 1–6; DRSO 1973 –1974
Symphonien 1–6; SFSO 1987–1989
Symphonie Nr. 5; GEW 2000

Nordal, Jón: Adagio für Flöte und Streicher (Börje Mårelius); SRSO 1968

Nordheim, Arne: Canzona per orchestra; FS 1967
Eco, für Sopran, Chor und Orchester (Taru Valjakka); SRSO 1968

Nørgård, Per: Luna, für Orchester; DRSO 1968

Iris, für Orchester; DRSO 1973

Nørholm, Ib: Violinkonzert (Leo Hansen); DRSO 1975

Orff, Carl: Carmina Burana (Lynn Dawson, John Daniecki, Kevin McMillan, SFSO-Chorus); SFSO 1990

Petterson, Allan: Violinkonzert Nr. 2 (Ida Haendel); SRSO 1980

Rautavaara, Einojuhani: Celloconcerto Nr. 1, op. 41 (Janos Starker); SWF 1975

Reger, Max: Violinkonzert op. 101 (Manfred Scherzer); DS 1981
Mozart-Variationen op. 132; DS 1990
Hiller-Variationen op. 100; GEW 2015

Roman, Johan Helmich: Symphonie Nr. 20, e-Moll; SRSO 1979

Rosenberg, Hilding: Symphonie Nr. 2 (»Grave«); SFO 1964
Symphonie Nr. 3 (»De fyra tidsåldrarna«); SFO 1966
Symphonie Nr. 4 (»Johannes Uppenbarelse«), (Erik Sædén); SRSO 1966

Rydman, Kari: Symphony of the Modern World; SRSO 1968

Sandström, Sven-David: Culminations for Orchestra; SRSO 1979
The High Mass (Claudia Barainsky, Siri Torjesen, Sara Olson, Malena Ernman, Lilli Paasikivi, MDR-Chor); GEW 2003

Schubert, Franz: Ouvertüre im italienischen Stil, C-Dur; SFSO 1992
Symphonien 1–8; DS 1978–1981
Symphonie Nr. 5, B-Dur; SFSO 1990
Symphonie Nr. 7, h-Moll (»Unvollendete«); SFSO 1990
Symphonie Nr. 7, h-Moll (»Unvollendete«) (Dom zu Roskilde), DVD; DRSO 2007
Symphonie Nr. 8 (»Große C-Dur«); SFSO 1991
Symphonien Nr. 8 (»Unvollendete«) und 9 (»Große in C-Dur«); GEW 2022

Schumann, Robert: Konzertstück für vier Hörner und großes Orchester (Peter Damm, Dieter Panza, Klaus Pietzonka, Johannes Frimel); DS 1981

Sessions, Roger: Symphony No. 2; SFSO 1993

Sibelius, Jean: Tapiola; SFSO 1991
Valse triste; SFSO 1991
The Swan of Tuonela, op. 22,3; CSO 1991
Symphonien 1–6; SFSO 1989–1995

Spohr, Louis: Konzert für Streichquartett und Orchester (Gewandhausquartett); GEW 2005

Stenhammar, Wilhelm: Svit ur »Chitra«; SFO 1966
Mellanspel ur »Sången«; SFO 1966
»Sången«, Kantate, (Iwa Sörenson, Ann-Sofie van Otter, Stefan Dahlberg, Per-Arne Wahlgren, Radiokören, Kammarkören, Barnkör från Adolf-Fredrik); SRSO 1982
Symphonie Nr. 2, Serenade; GS 2018

Strauss, Richard: Alpensinfonie; SFSO 1988
Also sprach Zarathustra; SFSO 1995
Also sprach Zarathustra; DS 1987
Don Juan; DS 1987
Don Juan; SFSO 1988
Ein Heldenleben; DS 1984
Ein Heldenleben; SFSO 1992
Metamorphosen für 23 Solostreicher; DS 1989
Metamorphosen für 23 Solostreicher; SFSO 1992
Till Eulenspiegel; DS 1989
Till Eulenspiegel; SFSO 1994
Tod und Verklärung; DS 1989
Tod und Verklärung; SFSO 1994
Burleske für Klavier und Orchester (Jean-Yves Thibaudet); GEW 2003
Rosenkavalier, Walzerfolgen 1 und 2; GEW 1996
Vier letzte Lieder (Felicity Lott) (nicht veröffentlicht); GEW 1996

Strawinsky, Igor: Le Sacre du Printemps; SFO 1964

Voříšek, Jan Václav: Symphonie in D-Dur, Op. 23; GEW 2022

Wagner, Richard: Siegfried-Idyll; SFSO 1991

Weber, Carl Maria von: Euryanthe-Ouvertüre; DS 1973
Klavierkonzerte Nr. 1 und 2, (Peter Rösel); DS 1984
Konzertstück, f-Moll (Peter Rösel); DS 1984
Klarinettenkonzerte Nr. 1 und 2 (Sabine Meyer); DS 1985
Klarinettenconcertino (Sabine Meyer); DS 1985
Oberon-Ouvertüre; DS 1990

Weiss, Manfred: Symphonie Nr. 3; DS 1984

Wuorinen, Charles: The Golden Dance; SFSO 1986
Piano Concerto Nr. 3 (Garrick Ohlson); SFSO 1987

AUSZEICHNUNGEN

Ernennungen zum Ehrendirigenten

1986 NHK Symphony Orchestra, Tokio
1995 San Francisco Symphony Orchestra
2005 Gewandhausorchester Leipzig
2006 Bamberger Symphoniker
2006 Schwedisches Radio-Sinfonieorchester Stockholm
2006 Dänisches Radio-Sinfonieorchester Kopenhagen
2016 Sächsische Staatskapelle Dresden

Preise und Ehrungen

1965 Mitglied der Königlich Schwedischen Musikakademie
1971 Ritter des Nordstern-Ordens, verliehen vom schwedischen König
1978 Ehrendoktorwürde der Andrews University, Michigan, USA
1978 Ritter des Dannebrogen-Ordens, verliehen von der dänischen Königin
1979 Litteris et Artibus – Goldmedaille der Königlich-schwedischen Musikakademie
1992 Ditson Award for distinguished service for American Music, Columbia University
1993 Ehrendoktorwürde der Southwestern Adventist University, Keene, Texas
1997 Ehrendoktorwürde des Pacific Union College Angwin, Napa Valley, Kalifornien
1998 För Tonkonstens Främjande-Medaille der Königlich-schwedischen Musikakademie
1999 Ehrendoktorwürde der Göteborgs Universitet
2001 Anton-Bruckner-Preis der Bertil-Östbo-Stiftung, Linz
2003 Großes Verdienstkreuz des Verdienstordens der Bundesrepublik Deutschland, verliehen von Bundespräsident Johannes Rau
2007 Max-Rudolf-Preis der Dirigentenvereinigung »American Conductors Guild« für herausragende Leistungen als Dirigent und Pädagoge

2007	Goldene Ehrennadel der Sächsischen Staatskapelle Dresden
2008	Johannes-Walter-Plakette des Sächsischen Musikrats
2008	Price of Honor der Carl-Nielsen-Society Dänemark
2010	Goldene Ehrennadel der Freunde der Bamberger Symphoniker
2011	Bach-Medaille der Stadt Leipzig
2012	Charles Weniger Award for Excellence, Loma Linda University
2012	Medal of Honor, The Bruckner Society of America
2012	Seraphim-Medaille des Schwedischen Königshauses
2016	Léonie-Sonning-Musikpreis der Léonie-Sonning-Musikstiftung, Kopenhagen
2016	Ernennung zum Honorary Conductor Laureate des NHK Symphony Orchestra, Tokio
2017	Brahms-Preis der Brahms-Gesellschaft Schleswig-Holstein
2017	Leipziger Tourismuspreis
2022	Rheingau Musikpreis
2022	Großes Verdienstkreuz mit Stern des Verdienstordens der Bundesrepublik Deutschland
2023	Opus Klassik für das Lebenswerk

PERSONENREGISTER

Abraham, Max 75
Abreu, José Antonio 132
Adams, John 44
Adorno, Theodor W. 124
Åhlén, Carl-Gunnar 173
Albert, Agnes 43
Alejchem, Scholem 137
Andersen, Mogens 96, 97
Argerich, Martha 37
Åström, Maria, geb. Blomstedt 93, 94

Bach, Johann Sebastian 10, 15, 35, 44, 78, 156, 170
Barenboim, Daniel 52, 85, 86, 106, 162
Bartók, Béla 31, 95, 145
Beck, Rolf 46, 84
Beethoven, Ludwig van 10, 14, 15, 16, 21, 32, 57, 81, 92, 101, 102,104, 116, 119, 141, 146, 151, 161,162, 163, 164, 165, 166, 169, 170, 171, 178
Bellermann, Heinrich 145
Berg, Alban 81
Bernstein, Leonard 9, 18, 89, 90, 91, 92
Berwald, Franz 7, 15, 80, 81, 178, 179
Biber, Heinrich Ignaz Franz 93
Blomstedt, Adolf 62, 66
Blomstedt, Alida Armintha geb. Thorson 62
Blomstedt, Norman 170
Blomstedt, Waltraud geb. Petersen 169
Blomstedt, Cecilia 93, 94
Blomstedt, Kristina 8, 43, 98, 101, 169
Bobrikov, Nikolai 65
Böhm, Karl 22, 51
Bongartz, Heinz 31
Boulanger, Nadja 83, 85
Boulez, Pierre 84
Brahms, Johannes 12, 15, 24, 31, 82, 162, 178
Brandt, Willy 95
Braun, Sebastian 159
Bruch, Max 31
Bruckner, Anton 12, 15, 31, 81, 119, 170, 171, 172, 173, 178
Bülow, Hans von 171
Burgin, Richard 87
Busch, Adolf 27
Busch, Fritz 27, 56, 77, 82, 96
Buxtehude, Dieterich 93
Byrd, William 93

Caetani, Oleg 131
Cage, John 9, 83, 84, 103
Cantelli, Guido 88
Celibidache, Sergiu 98
Chailly, Riccardo 52
Chopin, Frederic 65, 66
Cocteau, Jean 116
Copland, Aaron 45

Davis, Sir Colin 21, 27
Debussy, Achille-Claude 33
Descartes, Rene 139

Dessau, Paul 35
Diagilev, Sergej 85
Dobrowen, Issay 77
Dubček, Alexander 22
Dvořak, Antonin 7, 172

Erben, Frank Michael 44, 55
Ericson, Eric 79

Fabre, Jean Henri 138
Fermaeus, Lars 15, 67, 76, 78, 135, 143
Flesch, Carl 89
Fortner, Wolfgang 83
Foss, Lukas 90
Frang, Vilde 119
Frank, Maurits 83
Fredenheim, Carl 140, 141
Fröding, Gustav 68
Furtwängler, Wilhelm 16, 56, 57, 77, 82, 106, 107, 161, 162, 172

Gebrüder Limburg 140
Gershwin, George 121
Gibbons, Orlando 93
Gibson, Alexander 85
Górecki, Henryk 120
Gottschalk, Per 95
Grieg, Edvard 75, 151, 176
Gruner, Bernward 21
Gülke, Peter 35
Gustav III., König von Schweden 140

Händel, Georg Friedrich 93
Hafstad, Elisabet, geb. Blomstedt 43, 98
Harnoncourt, Nikolaus 27, 117
Hasse, Johann Adolf 16
Havel, Václav 115
Haydn, Joseph 15, 16, 55, 93, 123
Hindemith, Paul 24, 31, 83
Hochschild, Henrik 44
Holm, Aina 65
Holm, Emil 96

Ives, Charles 45

Janáček, Leoš 31
Janowski, Marek 25
Jansons, Mariss 36, 95
Joachim, Joseph 79
Jochum, Eugen 57

Kanner-Rosenthal, Hedwig 66
Karajan, Herbert von 25, 26, 107
Katzer, Georg 35
Kegel, Herbert 23
Keilberth, Joseph 82
Kempe, Rudolf 51, 82
Kierkeguard, Søren 136
Kleiber, Carlos 25
Kleiber, Erich 56, 82
Klemperer, Otto 89
Knappertsbusch, Hans 51
Kondraschin, Kirill 29
Konwitschny, Franz 16, 175
Koussevitzky, Serge 45, 89
Krauß, Reinhard 175
Kreisler, Fritz 59
Kristina (Christina), Königin von Schweden 139

Lagerlöf, Selma 68
Lidholm, Ingvar 46, 98, 103, 104, 125
Lipschitz, Leo 97
Liszt, Franz 179
Lohr, Ina 83
Löwe, Ferdinand 57
Ludwig, Felix 75, 151

Mahler, Gustav 15, 68, 96, 122, 137, 164, 170
Malko, Nikolai 96
Mann, Tor 9, 18, 80, 81, 82, 87, 92,110, 131
Mannheimer, Edgar 147
Mar, Jonathan del 163
Markevitch, Igor 9, 18, 25, 84, 85,86, 87, 90, 102, 106, 107, 131
Masur, Kurt 42, 47, 48, 49, 50, 55, 175, 176
Matthus, Siegfried 35, 173
Mendelssohn Bartholdy, Felix 7, 15, 16, 44, 80, 151, 170, 178
Menuhin, Yehudi 59, 130
Messiaen, Olivier 138
Mikuli, Karol 66
Mirring, Peter 174
Mitropoulos, Dimitri 88
Morel, Jean 88
Mozart, Wolfgang Amadeus 15, 16, 33, 55, 93, 123, 147, 166
Mrawinski, Jewgeni Alexandrowitsch 33
Muck, Carl 143
Munch, Charles 45, 87, 89
Mussorgskys, Modest 77

Naumann, Johann Gottlieb 98
Nelsons, Andris 36
Neumann, Václav 23
Nielsen, Carl 15, 24, 31, 62, 80, 97,123, 124, 146
Nijinsky, Vaslav 85
Nikisch, Arthur 16, 56, 177
Nordheim, Arne 120
Nordqvist, Conrad 80

Odnoposoff, Ricardo 24
Oswalt, Eva 10

Paganini, Niccoló 129
Paradis, Maria Theresia 68
Pastreich, Peter 42, 45
Perle, George 45
Pfitzner, Hans 89
Prokofjew, Sergei Sergejewitsch 37

Rachlin, Julian 119
Reger, Max 21, 22, 28, 123, 126
Reinecke, Carl 16
Richter, Hans 143
Rosenthal, Moritz 66

Sabata, Victor de 82
Salonen, Esa-Pekka 99
Sanderling, Kurt 36
Sawallisch, Wolfgang 85
Schacke, Lothar 10, 48
Schalk, Franz 57
Schalk, Joseph 57
Scherchen, Hermann 85
Schiff, Sir András 119
Schleiermacher, Steffen 35
Schmidt-Isserstedt, Hans 46

Schönberg, Arnold *31, 96, 103, 125*
Schostakowitsch, Dmitri *35, 36, 178*
Schubert, Franz *15, 80, 115*
Schulz, Andreas *10, 50, 170, 177*
Schumann, Robert *7, 15, 16, 65*
Schütz, Heinrich *16, 97*
Serkin, Peter *21*
Sessions, Roger *45*
Shiokawa, Yūko *119*
Sibelius, Jean *15, 31, 44, 63, 80, 123, 126, 145, 146, 147*
Sillitoes, Alan *64*
Smaczny, Paul *11, 12*
Söderblom, Nathan *176*
Sondermann, Peter *25, 35*
Sonning, Carl Johan *41*
Sonning, Léonie *41*
Stalin, Josef Wissarionowitsch *35*
Steinberg, Michael *45*
Stenhammar, Carl-Wilhelm *15*
Stenhammar, Wilhelm *10, 14, 15, 18, 80, 81, 124, 125, 127, 135, 141, 142, 143, 144, 145, 146, 147, 148*
Stokowski, Leopold *35*
Strauss, Richard *16, 21, 30, 31, 32, 84, 114, 143, 144*
Strawinsky, Igor *31, 37, 41, 95, 104, 116*
Strindberg, August *140*
Strobel, Heinrich *83*
Sturfält, Martin *135, 142*
Suitner, Otmar *175*
Sunnegårdh, Arne *79*
Svetlanov, Evgenij *99*

Tallis, Thomas *93*
Thärichen, Werner *106*
Thielemann, Christian *27, 51*
Tolstoi, Leo *128*
Toscanini, Arturo *53, 85, 88, 107,160, 161, 173*
Tschaikowsky, Peter Iljitsch *33, 34, 52, 72, 123, 146*
Turnovský, Martin *22, 23*

Uhrig, Dieter *23*
Ulbrich, Rudolf *27*
Ulbricht, Joachim *24*
Ulbricht, Reinhard *32*
Ulbricht, Walter *177*

Valen, Olaf Fartein *95*
Verdi, Giuseppe *161*
Vieuxtemps, Henri *79*
Vinci, Leonardo da *64*

Waart, Edo de *44*
Wagner, Richard *16, 21, 24, 91, 104*
Wallner, Bo *144*
Walter, Bruno *16, 77, 82, 88*
Weber, Carl Maria von *16, 21, 24, 25, 33*
Whitman, Walt *44*
Wuorinen, Charles *45*

Ysaÿe, Eugène *79*
Zimmermann, Udo *35*

Zoff, Jutta *28*
Zorn, John *45*